크다!
작다!

알쏭달쏭
이분법 세상 **3**

# 크다!
# 작다!

글 장성익 | 그림 이윤미

분홍고래

**책을 내면서**

# 색다른 방식과 창의적인 문제의식으로
# 생각의 힘을 키우자!

  이 세상에는 이분법이 참 많습니다. 이것 아니면 저것, 이쪽 아니면 저쪽. 이런 식으로 어떤 사물이나 현상을 딱 둘로만 나누어 단순하게 이해할 때가 많다는 얘기지요. 우리와 너희, 선과 악, 진보와 보수, 이익과 손해, 좋은 것과 나쁜 것, 옳은 것과 그른 것, 이기는 것과 지는 것 같은 것들이 그런 이분법적 잣대에서 흔한 보기들입니다.

  이런 이분법적 사고방식을 '흑백黑白 논리'라고도 부릅니다. 모든 것을 흰색 아니면 검은색의 두 가지 극단으로만 구분하고 그 사이에 있는 수많은 색깔을 인정하지 않는 것이지요. 이런 논리나 사고방식은 참 편리합니다. 쉽습니다. 시원합니다. 아주 간단하고 명쾌하니까요. 애써 복잡하게 생각하거나 뭔가를 깊고 다양하게 들여다보는 수고를 할 필요가 없으니까요.

  물론 '단순함' 자체는 절대적으로 나쁘기만 한 것은 아닐지도 모릅니다. 어떤 문제가 아주 복잡하게 꼬이고 얽혔을 때, 핵심이나 본질과는 동떨어진 곁가지들을 쳐내고 그 문제를 지혜롭게 단순화하면 해결의 실마리를 찾을 수도 있으니까요.

하지만 이분법적인 사고방식은 다릅니다. 이것은 어리석고 위험합니다. 이분법적인 사고방식에 갇히면 올바르고 정확한 인식을 하기 어렵습니다. 그 결과 어떤 중요한 판단, 결정, 행동 같은 것들에서도 치명적인 오류와 실수를 저지르기 마련이지요.

보통 '진실'이나 '해답'은 이분법으로 나누어진 두 극단이 아니라, 그 사이 어디쯤에 있습니다. 더구나 오로지 하나만 있는 게 아니라 여럿인 경우도 더러 있지요.

그래서 사물이나 현상의 한 측면만 보지 말고 전체를 넓게 볼 줄 알아야 합니다. 드러난 껍데기만 보지 말고 드러나지 않는 속까지도 깊이 볼 줄 알아야 합니다. 내 주장만 앞세우지 말고 상대방의 상황에서 넉넉하게 생각할 줄 알아야 합니다.

익숙하고 길든 고정 관념, 선입관, 편견에서 벗어나 다른 방식과 관점으로 생각할 줄 알아야 합니다. 요컨대 겉과 속, 현상과 본질, 부분과 전체, 형식과 내용 등을 두루 아우르면서 균형 있게 사고하는 안목과 시야를 길러야 한다는 얘기지요. 이런 능력을 키우는 데 가장 큰 걸림돌이 바로 이분법, 흑백논리, '전부 아니면 전무 All or Nothing'라고 여기는 사고방식입니다.

이분법은 사람의 생각을 짓누르고 비틀고 망가뜨립니다. 좁고 얕고 딱딱하게 굳어진 틀에 가두어 버립니다. 이제 이분법에서 벗어나야 합니다. 이분법을 넘어서야 합니다. 대신에 유연하고도 깊이 있는 사고력, 새롭게 보고 다르게 생각하는 상상력, 날카롭고도 세련된 이해력을 길러야 합니다. 이 책을 쓰게 된 동기가 여기에 있습니다. 곧, '좀 더 색다른 방식과 창의적인 문제의식으로 생각의 힘을 키우자.'는 것이 바로 이 책의 목적이라는 얘기지요.

이 책에서는 여러 가지 이분법 문제를 집중적으로 다루었습니다. 우선은 어떤 사물이나 현상을, 또는 이 세상과 사람들의 삶을 단순한 이분법으로 접근할 때 빠질 수밖에 없는 갖가지 함정과 문제를 살펴보았습니다. 하지만 이보다 훨씬 더 중요하게는, 그런 이분법에서 벗어나 '넓고 깊고 높고 다르게' 볼 줄 아는 눈을 갖출 때 얻게 되는 새로운 깨달음의 세계를 펼쳐 보이려고 애썼습니다.

그렇습니다. 우리는 그동안 단순한 이분법에 갇혀 놓친 것이 참 많았습니다. 그 탓에 착각한 것도 많고, 미처 몰랐거나 잘못 알았던 것도 많고, 설사 뭔가를 알더라도 어설프거나 충분하지 못한 경우가 많았습니다.

그래서 아무쪼록 이 책을 통해 감추어진 것, 숨겨진 것, 드러나지 않은 것, 보이지 않는 것을 눈여겨볼 수 있기를 바랍니다. 비슷한 맥락에서 들리지 않는 소리, 고도로 집중하지 않으면 알아차리기 힘든 가냘픈 소리, 아득히 멀고 깊은 곳에서 들려오는 낮은 소리에도 귀를 기울이게 되기를 바랍니다. 그리하여 이 책이 '눈'과 '귀'를 열어 여러분의 '앎'을 새롭게 살찌우는 데 소중한 도움이 되기를 기대합니다.

분홍고래 편집부

**여는 글**

# 큰 것과 많은 것을 좇는 우리의 삶은 어떻게 될까?

큰 것과 작은 것, 많은 것과 적은 것 가운데 어느 쪽이 더 좋을까요? 질문이 우습게 들릴지도 모르겠습니다. 경우에 따라 답변이 달라질 테니까요. 크거나 많은 게 좋을 때도 있는 반면 작거나 적은 게 좋을 때도 있기 마련입니다. '좋은 것'이라면 크고 많을수록 좋을 테고, '나쁜 것'이라면 작고 적을수록 좋겠지요. 아니면, 두 가지가 적절한 조화와 균형을 이루는 게 제일 좋다는 모범 답안을 내놓을 수도 있을 것입니다.

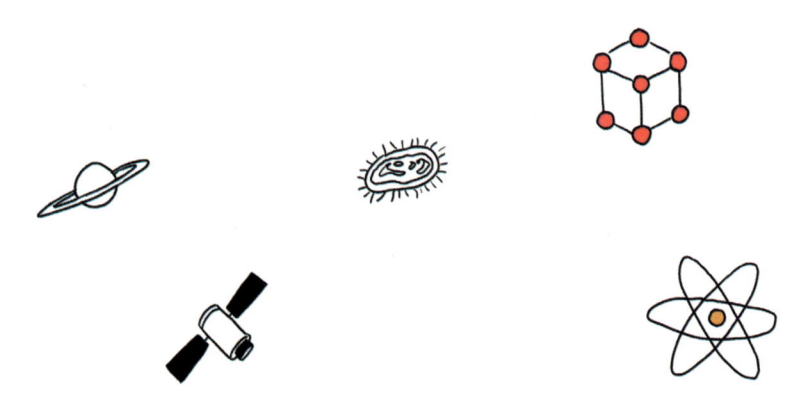

　맞습니다. 하지만 이는 누구나 다 아는 뻔한 얘기입니다. 이런 얘기를 하자고 책을 쓰는 사람은 없습니다. 이 책에서 전하는 '크다/작다'와 '많다/적다'에 얽힌 여러 이야기에는 훨씬 깊은 뜻이 깔려 있습니다. '크다/작다'나 '많다/적다'라는 잣대는 비단 눈에 보이고 손에 잡히는 것에만 적용되는 게 아닙니다. 각별히 중요하게 생각해야 할 것은 정작 따로 있습니다. 이 세상과 우리 삶을 지배하는 원리, 가치관, 시스템 같은 게 바로 그것입니다.

　오랫동안 우리는 큰 것, 많은 것, 빠른 것, 높은 것, 강한 것 등을 지나치게 떠받들어 왔습니다. 이런 것들을 추구하는 것이 진보요 발전이라고 여겨 왔습니다. 각 개인도 그러했고 세상 자체도 그러했습니다. 무엇이든 많이 생산하고 소비하는 것이 좋다고 여기는 '경제

성장의 신화'가 여기서 생겨났습니다. '경제'는 무조건 커지는 것이 마땅하고 또 바람직하다는 거지요.

  대량 생산, 대량 소비, 대량 폐기 시스템은 이런 성장 주의와 소비주의 사회를 떠받치는 핵심 기둥입니다. 이에 따라 돈과 기계 숭배, 물질에 대한 끝없는 욕망, 더 많은 소유와 소비가 행복을 안겨 줄 거라는 환상 등이 깊이 뿌리내렸습니다. 효율, 경쟁, 속도, 힘의 논리가 기승을 부리게 되었습니다.

  이 책은 묻습니다. "크다고 좋은 걸까? 많이 가진다고 행복할까? 큰 것과 많은 것을 추구하느라 앞만 보고 달린 결과 이 세상과 우리 삶은 어떻게 변했을까? 앞으로는 어떤 길을 가야 할까?"

  이런 물음들에 대한 답을 함께 찾아보고 궁리해 보자는 게 이 책

　을 쓴 가장 중요한 뜻입니다. 그러므로 이 책이 전하는 이야기를 무조건 옳다고 받아들일 필요는 없습니다. 이 책을 길잡이로 삼되 자신의 생각은 자기 스스로 가다듬고 정리해야 합니다.
　책에서는 민주주의 문제도 다루었습니다. 민주주의는 '크다/작다'나 '많다/적다' 이야기와 무슨 관계가 있을까요? 궁금하다면 책을 끝까지 읽어 보기 바랍니다.
　민주주의는 우리 공동체의 현재와 미래를 좌우할 '열쇠'일 뿐만 아니라 각 개인의 인생길에도 매우 중요한 의미를 지닙니다. 민주주의 공부를 열심히 해야 할 까닭입니다. 민주주의 이야기는 '크다/작다'와 '많다/적다'를 둘러싼 이분법 논의를 더욱 풍성하고 깊이 있게 이해하는 데에도 큰 도움이 될 것입니다.

    우리가 버려야 할 것은 고정 관념, 선입견, 기계적인 흑백 이분법 논리, 좁은 시야, 닫힌 마음입니다. 길러야 할 것은 창의력, 자유로운 상상력, '다른' 생각, 유연하고 개방적인 사고방식, 폭넓은 안목입니다. 이런 능력을 키우는 데 이 책이 요긴한 보탬이 되기를 소망합니다.

2018년 11월
장성익

**책을 내면서**
색다른 방식과 창의적인 문제의식으로 생각의 힘을 키우자! / 004

**여는 글**
큰 것과 많은 것을 좇는 우리의 삶은 어떻게 될까? / 007

## 1장 크다고 좋은 걸까?

두바이의 숨겨진 얼굴 / 016

'거대주의'의 깃발 아래서 / 020

기계와 쓰레기로 전락하는 사람들 / 024

도시의 역사를 들여다보니 / 030

거대 기업과 '1퍼센트의 경제' / 035

누가 먹거리를 지배하는가 / 039

갈수록 거대해지는 과학 기술 / 044

'위험 사회'를 넘어서 / 049

'작은 것'들의 행진 / 053

우주가 되려면 마을을 노래하라 / 057

## 2장  많이 가진다고 행복할까?

'오래된 미래'를 보라 / 062

경제 성장이 꼭 좋은 걸까? / 066

채굴은 그만, 이제 생명으로 / 070

참 행복이란 뭘까? / 074

흥청망청이 가져온 불행 / 078

소비자가 왕이라고? / 083

참된 '인간의 길' / 088

## 3장  민주주의는 얼마나 이루어져야 충분할까?

생쥐의 민주주의, 고양이의 민주주의 / 096

민주주의는 왜 중요할까? / 099

'다수의 지배'가 민주주의라고? / 105

구경꾼 민주주의는 가라 / 110

선거를 얼마나 믿어야 할까? / 115

자유 민주주의에 '자유'가 없다? / 120

민주주의란 이런 것이다 / 125

세상을 바꾸는 힘, 참여 / 128

끝없는 길을 가라 / 133

## 두바이의 숨겨진 얼굴

2018년 우리나라에서 가장 높은 건물은 서울 송파구 잠실에 있는 롯데월드타워입니다. 2017년 4월 문을 연 이 초고층 건물은 지상 123층에 높이가 555미터에 이릅니다. 2018년 기준으로 우리나라에서 100층을 넘는 건물로는 첫 번째이고, 세계 전체로 보면 다섯 번째로 높습니다.

세계에서 가장 높은 건물은 어디에 있을까요? 역시 2018년 기준으로 중동 지역 아랍 에미리트 두바이라는 곳에 있는 부르즈 할리파가 가장 높습니다. 162층에 높이는 828미터입니다. 상업 시설, 문화 시설, 주거 시설 등을 한데 모아 놓은 초대형 복합 건물이지요. 가장 높은 건물 1위 자리는 머잖아 바뀔 예정입니다.

세계 최고 높이를 향한 경쟁이 뜨거운 가운데 가장 눈길을 끄는 곳은 두바이입니다. 이곳에는 세계에서 가장 높은 건물만 있는 게 아닙니다. 세계에서 가장 큰 인공 섬과 쇼핑센터, 세계에서 가장 값비싼 호텔, 세계 최초의 바다

밑 호텔 등도 즐비하게 들어차 있습니다. 페르시아만 연안에 자리 잡은 이곳은 본래는 별달리 내세울 게 없는 고만고만한 바닷가 고장이었습니다. 어떻게 해서 이런 곳에 이런 엄청난 건물이 쑥쑥 들어서게 됐을까요?

두바이가 속한 아랍 에미리트는 석유로 부자가 된 나라입니다. 이에 더해 두바이에는 무역업, 금융업, 관광업, 부동산업 등도 번창했습니다. 그 덕분에 막대한 돈을 벌어들인 두바이는 1990년대 중반쯤부터 거대한 건설과 개발 사업을 끊임없이 추진했습니다. 외국의 뭉칫돈도 대거 끌어들였습니다. 땅이고 바다고 가릴 것 없이 비 온 뒤 죽순 돋듯 곳곳에 세워진 초대형 인공 구조물들은 바로 이런 돈바람과 개발 열풍의 산물입니다.

사람들은 두바이의 '깜짝 변신'에 눈이 휘둥그레졌습니다. '사막의 기적'이나 '꿈의 낙원' 같은 찬사가 두바이에 쏟아졌습니다. 하지만 그런 흥청망청하는 시절은 오래가지 못했습니다. 지난 2008년 금융 위기가 온 세계를 덮쳤을 때 두바이에 투자한 외국 자본이 썰물처럼 빠져나가면서 두바이 경제는 치명적인 타격을 입었습니다. 휘황찬란한 경제적 번영은 '껍데기'일 뿐 그것이 실제로는 '사막의 신기루'나 '모래성'에 불과한 것이 아니냐는 비판과 조롱이 쏟아졌습니다. 두바이가 완전히 파산할 거라는 예측이 나올 정도였지요. 하지만 그 뒤 세월이 흐르면서 두바이 경제는 서서히 기력을 되찾았습니다.

주목할 것은 두바이의 숨겨진 얼굴입니다. 두바이의 겉모습은 세계 최대, 세계 최고, 세계 최초 따위의 그럴듯한 수식어로 화려하게 꾸며져 있습니다. 하지만 속을 들여다보면 전혀 다른 풍경이 펼쳐집니다. 먼저 눈에 띄는 것은 두바이 전체 인구 가운데 외국인 비율이 무려 80퍼센트가 넘는다는 점입니다. 대부분 아시아와 아프리카에서 온 가난한 외국인 노동자입니다.

문제는 이들의 처지가 노예와 그리 다르지 않다는 점입니다. 장시간의 가혹한 노동에 시달리면서도 손에 쥐는 돈은 쥐꼬리만도 못합니다. 사막 지역의 뙤약볕 아래서 일하기 일쑤고, 작업 환경 또한 아주 위험하고 형편없습니다. 일사병으로 사망하는 노동자 수가 한 해에 900명이나 될 때도 있었습니다. 하지만 이들은 억울한 일을 당해도 항의할 수 없습니다. 두바이에서는 노동자가 사업주에게 항의하는 행위를 불법으로 규정하고 있으니까요.

외국인 노동자들의 처지가 보여 주듯 두바이는 빈부 격차가 극심한 곳입니다. 게다가 제대로 된 언론도, 정당도, 선거도, 시민단체도 없습니다. 여성 억압과 차별도 아주 심합니다. 민주주의와 인권, 평등 같은 건 찾아보기 힘든 곳이 두바이입니다.

본래 이곳은 거칠고 메마른 사막이었습니다. 이런 땅에 세계 사람들 눈길을 사로잡는 거대한 인공 도시가 세워졌습니다. 겉으로만 보면 입이 쩍 벌어질 정도로 호화스럽습니다. 하지만 정작 그런 두바이를 실제로 만들고 떠받치고 있는 것은 '노예 노동'에 시달리는 가난한 노동자들의 피눈물과 땀입니다. 마구잡이 개발로 끝없이 자연을 망가뜨리고 에너지와 자원을 탕진하는 곳. 약자를 극도로 학대하고 착취하는 곳. 이것이 두바이의 민낯입니다. 돈의 힘으로 쌓아 올렸고 돈이 왕 노릇 하는 돈의 신천지가 두바이입니다.

## '거대주의'의 깃발 아래서

　　두바이는 지금 우리가 살아가는 세상이 어떤 곳인지를 압축적으로 보여 줍니다. 경제 성장, 개발, 물질의 풍요 등을 최고 목표로 삼아 거침없이 직진으로만 내달리는 것이 현대 자본주의 산업 문명입니다. 그리고 이 문명을 움직이는 동력은 세계 최대, 세계 최고, 세계 최초 따위를 추구하는 두바이식의 욕망입니다.

　더 많은 생산과 소유와 소비. 더 큰 규모와 더 빠른 속도. 더 강한 권력과 더 높은 지위. 오늘날 세상이 떠받들고 집착하는 것은 대개 이런 게 아닐까요? 근대 올림픽의 구호가 "더 빨리, 더 높이, 더 강하게"로 정해진 건 우연이 아닙니다. 운동 경기에서 일차적으로 중요한 게 경쟁과 승리이긴 하지만, 그렇더라도 온 세계 사람이 어우러지는 올림픽에서만큼은 참여, 우정, 협동, 화합 같은 가치를 내세울 수도 있었을 텐데 말입니다.

　그래서겠지요. 우리 대부분은 알게 모르게 이런 문화와 분위기에 깊이 젖어 있습니다. 우리 의식 밑바닥에는 크고 높고 빠른 것을 왠지 좋은 것, 훌륭한 것, 바람직한 것으로 여기는 습성이 깊이 배어 있습니다. 예를 들어 대다수 나라가 강대국이 되려고 애쓰고, 경제 규모를 키우려고 온갖 노력을 다 기울입니다. 지구촌 곳곳에서 끊이지 않는 영토 분쟁은 나라마다 '더 큰 국가'를 만들려는 욕망 경쟁의 산물입니다. 갈수록 도시가 커지고, 빌딩이 높아지고, 도로가 늘어납니다. 개인이라고 다를까요? 많은 사람이 더 많은 돈을 벌고 더 큰 집을 마련하고 더 큰 자동차를 사려고 합니다. 더 큰 것을 많이 가질수록 행복도 덩달아 커질 거라는 생각이 널리 퍼져 있지요.

더 큰 것을 추구하는 이른바 '거대주의'는 현대 문명과 산업 사회의 가장 중요한 특성입니다. 이것을 또렷이 보여 주는 게 대량 생산, 대량 유통, 대량 소비, 대량 폐기의 연결 고리로 이어진 지금의 주류 경제 체제입니다. 많이 만들고 많이 쓰고 많이 버리는 경제. 더 큰 규모의 경제. 이것이 지금 경제의 목표입니다. 이것과 한 묶음인 것이 끝없는 경제 성장입니다. 경제 성장이 무한히 계속되어야 생산과 소비도 계속 늘어날 수 있으니까요. 거꾸로 말하면, 생산과 소비가 끝없이 늘어나는 것 자체가 곧 경제 성장이지요. 성장과 생산과 소비는 이렇게 거대주의의 깃발 아래 하나로 엮입니다.

경제 성장을 최고 가치로 떠받드는 성장 지상주의 사회, 줄여서 성장 사회란 뭘까요? 경제 성장이 모든 것을 빨아들이는 사회. 성장이 경제는 물론 정치와 사회, 사람들 삶의 가장 중요하고도 유일한 목표가 되어 버린 사회. 이것이 성장 사회입니다. 성장에 중독된 사회지요. 여기서는 무슨 고귀한 목적이나 특별한 이유가 있어서 성장하는 게 아닙니다. 그저 성장하기 위해서 계속 성장하는 것이 성장 사회의 본질적인 속성입니다. 성장이 멈추면 세상이 망한다고 믿기에, 또는 퇴보한다고 믿기에, 어떻게든 성장을 계속해야만 한다는 맹목적인 강박 관념에 사로잡힌 것이 성장 사회입니다.

그러니 이런 사회에서는 생산을 끝없이 늘리고 소비를 무제한으로 부추겨야 합니다. 대량 생산과 대량 소비가 계속 이루어지지 않으면 안 됩니다. 한마디로 낭비와 탕진의 악순환이 무한히 반복되는 셈이지요. 끝없는 팽창과 확대. 이것이 거대주의에 붙들린 세상의 운명입니다.

서구의 역사를 보면 제국주의란 게 기승을 부린 때가 있습니다. 서구 강대국들은 급속한 산업화 바람을 타고 자기 나라에서 지나치게 많이 생산된 물건들을 어떻게든 팔아치워야 했습니다. 그런데 자기 나라에서는 이를 모두 소화할 수 없었습니다. 물건을 팔아먹을 새로운 시장이 절실히 필요했지요. 그들이 다른 나라를 침략해 만든 식민지가 바로 그 구실을 떠맡았습니다. 그들이 식민지에서 자원과 노동력을 가혹하게 착취한 것이 자기 나라의 끝없는 경제 성장과 부의 축적을 위한 것이었다는 건 두말할 필요도 없고요. 바로 이것이 제국주의입니다.

경제 성장의 원동력인 대량 생산의 문을 활짝 열어젖힌 것은 18~19세기에 진행된 산업 혁명입니다. 영국에서 시작돼 유럽과 세계 전체로 퍼져 나간 산업 혁명의 기폭제는 공장식 생산 방식과 기계화라는 생산 기술의 전면적인 혁신이었습니다. 그 결과 생산력이 폭발적으로 늘어났고, 이에 따라 사회와 경제 전체에 근본적이고도 거대한 변화의 회오리가 밀어닥쳤습니다. 이것이 산업 혁명입니다.

산업 혁명 이전에는 일일이 사람 손으로 물건을 만들었습니다. 하지만 이제는 공장에서 기계를 이용해 대량으로, 그것도 아주 빠른 속도로 물건을 생산하게 되었습니다. 과거에는 상상도 할 수 없었던 엄청난 생산력 발전이 이루어진 거지요. 이에 힘입어 현대 자본주의 경제는 세계 곳곳으로 뻗어 나갈 수 있었습니다.

여기서 보듯 거대주의는 기계화와 짝을 이룹니다. 기계는 사람처럼 실수를 저지르지 않습니다. 불평불만을 늘어놓거나 저항하지도 않습니다. 잠시도 놀리지 않고 계속 부려 먹을 수 있습니다. 산업 사회가 대형화와 기계화를 추구

하는 까닭이 여기에 있습니다. 산업 사회의 대량 생산 시스템은 이렇게 해서 등장했고 또 뿌리를 내렸습니다.

그렇다면 크고 높고 빠른 것을 무조건 부정적으로 여겨야 할까요? 당연히 그건 아닙니다. 그것은 지나치게 단순하고도 짧은 생각입니다. 이런 것이 필요할 때도 얼마든지 있으니까요. 아름답고 빛날 때도 있고요. 중요한 것은 크고 높고 빠른 것을 맹목적으로 우상 숭배하다시피 하는 것에 길들어서는 안 된다는 점입니다. 이것이 일으키는 문제가 너무나 중대하고 심각해서입니다. 크고 높고 빨라야 좋은 것과 그렇지 않은 것을 분별할 줄 아는 지혜와 안목. 이 둘 사이의 긴장과 조화를 조절할 줄 아는 균형 감각. 결국, 우리에게 필요한 건 이런 게 아닐까요?

## 기계와 쓰레기로 전락하는 사람들

거대주의 시스템 안에서 사람은 어떻게 될까요? 특히 생존을 위해 팔 것이라고는 자신의 노동력밖에 없는 노동자들은 어떻게 될까요? 주의 깊게 보아야 할 것은, 거대주의 시스템에서 생산을 비롯해 어떤 일이나 활동을 주도하는 것은 사람이 아니라는 점입니다. 여기서는 기계와, 그 기계의 주인인 자본(가)이 모든 걸 이끌어 나갑니다. 그러니 이런 시스템에서 사람들은 '힘'을 빼앗기고 존엄성이 훼손될 수밖에 없습니다.

 이 문제를 조금 더 자세히 살펴볼까요? 거대한 공장은 본질적으로 사람을 위한 것이 아닙니다. 기계가 주인 노릇하는 기계들의 집입니다. 수많은 사람이 생산을 지휘하고 통제하는 거대 조직 안에 갇힙니다. 그 조직은 거대한 규모와 힘으로 사람을 쪼그라뜨리고 무기력하게 만듭니다. 이것이 산업 사회가 낳은 기계화와 대형화의 횡포입니다. 그 속에서 사람들의 힘은 줄어들거나 꺾일 수밖에 없습니다.

 특히 중요한 것은 노동 과정의 분업화입니다. 노동 과정이 통합적이지 않고 잘게 나누어진다는 뜻이지요. 고도의 분업화는 사람들에게 자기가 맡은 부분적이고 단편적인 일만 반복적으로 하게 합니다. 그 탓에 사람들은 자기가 하는 일의 전체적인 의미나 맥락, 일과 자신 사이의 관계를 온전히 이해하지 못하게 됩니다. 그 과정에서 사람들은 거대 조직의 부속품으로 길들어 갑니다. 삶의 자율성과 주체성, 자기 인생에 대한 주인의식이나 독자적인 전망 같은 걸 잃어버린 채 시나브로❃ 기계 부품처럼 변해 간다는 거지요. 사람들이 힘과 존엄성을 잃어버리게 된다는 얘기가 뜻하는 바가 이것입니다.

 쉽게 짐작할 수 있듯이 이런 곳에서 일차적으로 떠받드는 것은 돈입니다. 사람이나 생명을 소중히 여기는 마음보다 돈을 최우선시하는 물질주의 가치관이 가장 큰 위력을 발휘합니다. 이에 더해 이런 곳에서는 빨리 쓰고 빨리 버리는 일회용품 문화가 기승을 부리기 쉽습니다. 돈이 지배하는 사회는 쾌락과

--------

❃ 모르는 사이에 '조금씩 조금씩'.

편리를 추구하는 사회이기 마련이니까요. 일회용품 문화는 이것의 상징입니다. 그러니 이런 곳에서는 사람을 사람답게 만들고 삶을 삶답게 만드는 가치, 의미, 이상, 원칙, 미덕 같은 것들은 가볍게 다루어질 수밖에 없습니다. 인간과 생명의 고귀함을 망가뜨리는 문화지요.

그렇습니다. 이런 곳에서는 물건을 쉽게 쓰고 버리듯이 사람도 쉽게 쓰고 버립니다. 사람도 일회용품 취급받을 때가 많습니다. 일시적이고 즉흥적인 소비주의 문화가 사람에게도 적용됩니다. 넘쳐나는 실업자, 비정규직 노동자, 해고 노동자 등이 대표적이지요. 수많은 비주류와 소수자도 다르지 않고요. 사람을 쓰레기처럼 버리는 형태나 방식은 다양합니다. 해고, 배제, 소외, 차별, 추방 등이 그런 것들이지요.

인간을 쓰레기로 여긴다는 건 인간이 기계처럼 부림을 당한다는 것과 비슷한 얘기입니다. 19세기 영국의 작가이자 예술가였던 윌리엄 모리스는 일찌감치 이런 사회를 '모조품 사회'라고 지적하면서 이렇게 말했습니다.

"모조품 사회는 계속해서 당신을 기계처럼 사용하고, 기계처럼 연료를 공급하고, 기계처럼 감시하고, 기계처럼 일만 하도록 만들 것이다. 그리고 당신이 더는 작동하지 않게 되면 고장 난 기계처럼 내다 버릴 것이다."

프란치스코 교황은 이런 말까지 했습니다.

"많은 사람이 스스로를 쓰고 버려지는 '소비재'라고 여기지만, 이제는 심지어 쓰이지도 않은 채 그냥 '찌꺼기'처럼 버려지고 있다."

사람이 기계처럼 혹사당하다가 쓸모가 다하면 쓰레기로 버려지는 사회. 이런 데서 우리는 참된 행복을 찾을 수 있을까요? 거대주의 사회의 겉모습은 호화찬란합니다. 두바이가 그렇듯이 말입니다. 하지만 그 속에는 파괴와 파멸의 씨앗이 숨겨져 있습니다.

거대주의가 이끌어가는 자본주의 산업 문명은 고속도로를 질주하는 자동차와 같습니다. 전속력으로 앞으로만 내달리는 우리 경제는, 자원은 무한히 공급되고 지구는 아무리 망가져도 본래 상태를 회복할 수 있다고 믿습니다. 그 속에서 많은 사람이 쓰레기로 여겨집니다. 또한, 실제로 쓰레기처럼 버려집니다. 이런 사회는 겉으로는 매혹적인 물질의 풍요와 넘치는 소비로 치장되어 있습니다. 하지만 속으로는 썩어가는 부패 사회입니다. 이런 사회가 언젠가는 무너질 모래성과 얼마나 다를까요?

이제 거대주의가 드리우는 짙은 그늘을 직시해야 할 때입니다. 잘못된 곳은 '뭔가'가 지나치게 커졌을 가능성이 큽니다. 그렇게 '뭔가'가 너무 비대해지면 집중과 독점의 문제가 나타납니다. 비대해진 '뭔가'를 통제하고 관리하려면 거대한 권력이 필요해지기 때문입니다.

거대 권력이 등장하면 아래위를 가르는 위계질서가 생겨나고 관료화 같은 폐해가 독버섯처럼 자라납니다. 관료화란 관료적 정치나 운영 방식에 따라 굴러가는 정부 조직, 기업, 사회 집단 등에서 흔히 나타나는 독특한 현상을 가리키는 말입니다. 대체로 수직적인 명령 체계를 하늘처럼 떠받들거나, 위에서 시키는 일이나 대충대충 하며 그저 편하게 지내려 하거나, 자기 책임은 지지 않으면서도 독선적으로 행동하거나, 상급자에게는 굽실거리면서도 하급자는 함부로 대하는 것 등과 같은 특성을 띱니다.

그래서 이런 데서는 필연적으로 권력 체계에 따른 억압과 지배가 기승을 부립니다. 민주주의가 망가집니다. 이기적인 무책임과 무사안일주의가 퍼지지만 다양성과 유연성, 서로 소통하고 공감하는 관계성은 훼손됩니다. 사람이

사람답게 살고 한 사회가 건강해지는 데 필요한 정의, 평등, 우정, 연대, 협동 같은 것들은 무너집니다. 큰 것만을 좇다가는 이렇게 삶과 사회가 깊이 병들게 됩니다.

큰 것의 문제를 가장 날카롭고도 깊이 있게 파헤친 사람은 《작은 것이 아름답다》라는 책으로 널리 알려진 영국의 경제학자이자 생태 사상가인 E. F. 슈마허입니다. 그는 이렇게 말했습니다.

"이제 인간적 소통이 가능한 적당한 크기, 안성맞춤의 크기가 중요하다. 클수록 좋은 건 결코 아니다. 거대주의 중독에서 벗어나 훨씬 더 작은 단위로 생각하는 데 익숙해져야 한다. 사람들의 힘은 작은 규모에서 발휘될 수 있다."

## 도시의 역사를 들여다보니

대체로 거대한 것은 돈에 의해, 그리고 돈을 위해 만들어집니다. 두바이가 잘 보여 주듯이 거대한 것의 주인은 돈일 때가 많습니다. 그래서 거대한 것에서 따스한 인간의 온기나 정겨운 사람 냄새를 찾아보기란 어려운 일입니다.

거대한 것은 차갑고 냉혹합니다. 겉으로는 위대하고 웅장해 보일지 몰라도 실제로는 '인간에 대한 예의'도, 생명을 소중하고 고귀하게 여기는 마음도 없습니다. 본디 돈을 섬기면서 동시에 사람과 생명을 섬길 수는 없는 노릇이지요. 사나운 돈바람 속에서 거대한 인공의 세계를 건설한 두바이에서 수많은 사람을 노예처럼 부리는 것은 놀라운 일이 아닙니다. 돈의 눈에는 돈만 보일 뿐 살아 있는 사람의 피와 땀과 눈물은 제대로 보이지 않으니까요.

두바이만 그럴까요? 대부분의 거대 도시 또한 사람이 주인이 아니기는 마찬가지입니다. 내가 사는, 또는 내가 알거나 가본 적이 있는 거대 도시를 한번 떠올려 보세요. 어떤 풍경이 제일 먼저 떠오르나요? 물론 요즘에는 '인간의 얼굴'을 한 도시를 만들려는 노력이 곳곳에서 이루어지고 있긴 합니다. 돈의 힘이 아닌 삶의 활력과 생기가 넘치는 도시, 물질의 번영만을 추구하기보다는 사람들 사이의 관계가 살아 있는 도시, 모래알처럼 흩어진 개인들을 넘어 공동체적 움직임이 활발한 도시가 이런 도시입니다. 곧, 더불어 살아가는 사람 중심의 도시가 '인간의 얼굴'을 한 도시라는 얘기지요. 하지만 여전히 도시를 압도하는 것은 사람이 아니라 자동차와 건물입니다.

사람이 아닌 자동차가 주인 행세를 하고 나무가 아닌 건물이 빽빽하게 숲을 이룬 도시. 흙은 밟기 어렵고 미세 먼지의 공격으로 공기는 뿌연 도시. 밤길을 혼자 다니기 무서운 도시. 이웃집에 누가 사는지도 모르는 도시. 이런 곳에서 친밀한 인간관계와 자연과의 어울림, 역사와 문화의 향기, 더불어 어깨동무하며 살아가는 즐거움과 삶의 여유 같은 것들을 기대할 수 있을까요?

특히 요즘의 대부분 도시는 개발과 성장의 소용돌이 속에서 돈과 욕망과 경쟁이 어지럽게 뒤엉킨 전쟁터처럼 변했습니다. 인간이 자연을 망가뜨리고, 돈이 사람을 잡아먹고, 강자가 약자를 더욱 가혹하게 착취하는 삭막하고도 살벌한 곳으로 전락했습니다. 이 모두, 크고 높고 빠른 것을 추구하는 현대 문명의 거대주의가 낳은 '괴물'이 거대 도시라는 사실을 잘 보여 줍니다.

도시는 어쩌다 이렇게 됐을까요? 방금 소개한 슈마허에 따르면, 현대 도시를 이렇게 만든 주역은 석유입니다. 흥미로운 견해지요. 얘기인즉슨 이렇습니다.

도시는 인류 역사에서 수천 년 동안이나 존재해 왔습니다. 하지만 어느 정도 규모 이상으로는 커지지 않았습니다. 대도시는 혼자 힘으로는 생존할 수 없기 때문입니다. 대도시는 도시 내부뿐 아니라 도시 바깥에도 기댈 수밖에 없습니다. 주변에 식량을 생산해서 공급해 줄 땅이 필요하다는 얘기지요. 그런데 옛날에는 식량을 실어 나를 수단이라고는 동물과 인간밖에 없었습니다. 그 탓에 도시가 어느 정도 이상으로는 커질 수가 없었습니다. 하지만 석유나 석탄 같은 화석 연료를 에너지로 쓰는 새로운 운송 수단과 기술이 널리 보급되면서 이 문제가 해결되었습니다. 즉, 이제는 멀리 떨어진 곳에서도 식량을 대량으로 들여올 수 있게 된 거지요.

도시가 커진 데에는 또 다른 요인이 있습니다. 예를 들어 설명하겠습니다. 만약 100명을 먹여 살리는 데 80명이 필요하다면 도시에 살 수 있는 인구는 20명밖에 안 됩니다. 나머지 80명은 식량을 생산하는 농촌을 떠나서는 안 되니까요. 하지만 한 사람당 생산력이 급속히 향상돼서 5명이 100명을 먹여 살릴 수 있게 된다면 어떻게 될까요? 이렇게 되면 이제 95명이 도시에서 살 수 있고 5명만 농촌에 남아도 됩니다. 요컨대, 대도시가 탄생하려면 한 사람당 식량 생산력이 급속히 커져야 한다는 얘기지요.

이것을 이루어 준 것이 바로 석유입니다. 현대 농업에서 생산력이 눈부시게 늘어난 것은 기계화, 대규모화, 농약과 화학 비료의 대량 사용, 농산물의 장거리 대량 운송 등에 힘입은 덕분입니다. 이 모든 것을 가능하게 해 준 게 뭘까요? 이 또한 석유입니다. 농약과 화학 비료를 만드는 원료도 석유이고, 기계나 운송 수단을 움직이는 것 또한 석유니까요. 산업화된 현대 농업을 석유 농업이라 부르는 까닭이 여기에 있습니다. 그래서 슈마허의 말마따나 도시는 "석유라는 에너지를 계속 넣어 줘야만 움직일 수 있는 거대한 기계."라고 할 수 있습니다.

도시는, 특히 대도시는 석유를 먹고 자라난 현대 문명의 꽃이자 산업 사회의 심장입니다. 도시, 현대 문명, 거대주의는 이렇게 석유를 매개로 하여 하나로 연결돼 있습니다. 현대 문명을 석유 문명이라 일컫는 또 하나의 근거를 우리는 도시의 역사에서 찾아볼 수 있습니다.

도시는 거대하고 복잡합니다. 현대인 대다수는 그런 도시에서 살아갑니다. 우리나라 인구 가운데 도시에 사는 사람들 비율은 90퍼센트가 넘습니다. 세계 전체로는 인류의 절반이 도시에 살고 있습니다. 2050년쯤이면 세계 전체 인구의 70퍼센트가 도시에서 살 거라고들 하지요.

이렇게 하여 우리는 큰 것 속에 살면서 큰 것에 익숙해집니다. 무엇이든 큰 것을 자연스러운 것으로 받아들입니다. 뭔가가 자꾸 커지는 것을 정상적인 것으로, 나아가 바람직한 것으로 여깁니다. 마치 모든 사물이나 인간사가 본래부터 그랬던 것처럼 말입니다. 하지만 사실은 그렇지 않다는 것을 도시 이야기는 일깨워 줍니다. 세상을 큰 것 중심으로 돌아가게 만드는 거대주의는 자연의 진리도, 신의 섭리도 아닙니다. 그것은 석유로 상징되는, 지극히 인공적인 현대 산업 문명의 산물입니다.

# 거대 기업과 '1퍼센트의 경제'

앞에서 성장 사회는 경제가 빠르고 크게 성장하는 것을 최고 목표로 삼는 사회라고 했습니다. 그래서 성장주의 경제는 경쟁과 효율, 규모와 속도 따위를 아주 중요하게 여깁니다. 하지만 이런 식의 경제는 오늘날 커다란 한계에 부닥치고 있습니다.

무엇보다 경제 성장의 열매가 모든 사람에게 골고루 돌아가지 않습니다. 경제가 아무리 성장해도 모두가 고르게 잘살게 되는 건 아니라는 얘기지요. 현실은 그 반대입니다. 양극화♣와 불평등이 갈수록 깊어가는 게 지금 세상의 모습입니다. 우리나라는 물론 세계 전체 차원에서도 극심한 양극화와 불평등은 오늘날 인류가 해결해야 할 가장 긴급하고도 중대한 문제로 손꼽히지요.

이 와중에 사회적 부의 대부분을 휩쓸어가는 건 누구일까요? 극소수의 특정 사람들과 거대 기업입니다. '이긴 자'와 '강한 자'가 모든 것을 독차지하다시피 하는 이른바 '승자 독식' 또는 '강자 독식' 현상이 바로 이것이지요. 그 탓에 대다수 보통 사람은 허리띠 졸라매고 열심히 일해도 고단한 삶의 쳇바퀴에서 벗어나기가 쉽지 않습니다. 갈수록 나라 경제가 살찌고 대기업들 곳간에 돈이 쌓여도 서민들의 생활은 나아지지 않습니다. 뭔가 단단히 잘못

♣ 서로 점점 달라지고 멀어짐.

된 거지요. 양극화와 불평등 문제를 그대로 두고서는 민주주의도, 사회 공동체의 건강과 평화도, 그 속에서 살아가는 사람들의 행복과 삶의 안정도 결코 이룰 수 없습니다.

오늘날의 경제는 환경 위기와 에너지 위기를 일으키는 주범이기도 합니다. 많이 생산하고 많이 소비하고 많이 버리는 것이 경제 활동의 핵심인 탓입니다. 지구 온난화가 상징하듯이 모든 경제의 바탕이자 원천인 자연이 돌이키기 힘들 정도로 망가지고, 현대 산업 경제의 젖줄인 석유가 바닥나고 있는 것이 이를 또렷이 보여 줍니다. 이는 곧, 성장과 개발의 외길을 내달리는 이제까지의 경제 시스템과 방식이 이제 더는 가능하지도 않고 바람직하지도 않다는 얘기이기도 합니다.

오늘날 이런 경제를 지배하는 것이 기업입니다. 특히 소수의 거대 재벌 기업이 경제 전체를 쥐락펴락하고 있지요. 하지만 이런 기업들이 아무리 성장하고 커져도 사회 전체가 풍요로워지거나 사회 구성원 모두가 행복해지는 건 아닙니다. 왜냐고요? 이윤 극대화, 곧 수익을 최대한 많이 올리는 것이 기업의 가장 중요한 목적이기 때문입니다. 돈벌이야말로 기업이 존재하는 이유이자 기업을 움직이는 원동력이지요.

이런 경제는 사람 중심 경제가 아니라 돈 중심 경제입니다. '인간의 얼굴'이 사라진 차갑고 메마른 경제입니다. 모두가 고루 잘살고 행복해지는 '99퍼센트의 경제'가 아니라 극소수 특정 기업과 사람들만 살찌우는 '1퍼센트의 경제'입니다. 극심한 양극화를 상징하는 '1대99 사회'라는 말이 여기서 나왔습니다. 이런 경제는 거대주의가 낳은 집중과 독점의 경제입니다. 그래서 이런 경제는 특혜와 특권, 부패와 반칙의 경제로 변질되기 마련입니다. 돈과 권력이 한쪽

으로만, 그것도 극소수에게만 쏠리는 경제가 타락하지 않는다면 오히려 그것이 이상한 일이겠지요.

좀 더 구체적으로 대기업들은 어떤 문제를 낳고 있을까요? 먼저 이들은 자기들보다 작고 약한 중소기업들에게 갖가지 횡포를 부립니다. 자기들에게 아주 낮은 가격에 제품을 납품하게 한다든지, 돈이 있으면서도 일부러 대금 결제를 미룬다든지, 중소기업이 공들여 개발한 기술을 가로챈다든지 하는 것들이 대표적이지요. 오죽하면 '갑질'이라는 말까지 생겼을까요. 갑질이란 강자가 자기의 우월한 힘과 지위를 악용해 약자에게 횡포를 부리는 것을 말합니다. 갑질은 대기업과 중소기업 사이뿐만 아니라 우리 사회의 모든 분야에서 일상적으로 일어나는 일입니다. 다른 나라에서는 찾아보기 힘든 특별하고도 기이한 현상이어서 아예 'gapjil'이라는 별도의 영어 단어가 생기기까지 했지요.

대기업은 경제 생태계의 실핏줄이라 할 수 있는 지역 경제를 좀먹기도 합니다. 예를 들면, 대기업이 운영하는 대형 할인 마트가 어느 지역에 들어서면 그 지역의 슈퍼마켓, 구멍가게, 동네 빵집, 재래시장 등이 큰 타격을 받습니다. 지역 주민들을 대상으로 하는 소규모 사업체들이 줄줄이 문을 닫는 일도 자주 일어납니다. 이른바 골목 상권이 무너지는 거지요. 이들 대형 마트가 벌어들이는 돈은 지역 안에서 사용되어야 지역 경제가 살아납니다. 그러나 대형 마트에서 벌어들인 돈은 지역 안에서 돌지 않습니다. 대개 지역 밖으로 빠져나가 서울 등 대도시에 있는 대기업 본사로 흘러갑니다. 그래서 얼핏 겉으로는 지역 경제에 도움이 되는 것처럼 보이지만 사실은 지역 경제를 망가뜨리게 됩니다.

이들 대기업은 권력과 한통속이 되기도 합니다. 이것을 '정경 유착'이라 부릅니다. 정치와 경제가 서로의 이익을 위해 추악한 관계를 맺어 결합한다는 뜻이지요. 이렇게 되면 경제 분야를 넘어 나라 전체가 망가집니다. 사회와 국민을 위해 공공성을 추구해야 할 권력이 사적인 돈벌이를 지상 목표로 삼는 기업과 결탁하면 세상이 엉망진창이 되리라는 건 불을 보듯 빤한 일입니다. 국가 정책이나 국민이 낸 세금이 국민과 사회 공동체를 위해서가 아니라 대기업, 기득권 세력, 상층 특권 계급 같은 극소수 강자와 승자의 탐욕을 채우는 데 악용될 테니까요. 잘 알다시피 지난 2017년 봄 현직 대통령이 국민에게 탄핵을 당해 임기가 끝나기도 전에 쫓겨나 구속까지 되고 말았습니다. 역사상 유례를 찾아볼 수 없는 참담한 일이었지요. 이런 사태가 벌어지게 된 핵심적인 이유 가운데 하나가 바로 권력과 자본의 부도덕한 결탁이었습니다.

거대한 집중과 독점은 이처럼 나라 전체를 위기와 혼란의 수렁으로 빠뜨리기도 합니다. 뭔가가 지나치게 커지면 이런 일이 벌어집니다. 거대한 것이 일으키는 문제는 권력이나 돈이 지나치게 한쪽으로만 쏠릴 때, 또한 그것이 공공성을 잃고 사적인 이익을 추구하는 수단으로 전락할 때 특히 두드러지게 나타납니다.

### 누가 먹거리를 지배하는가

거대 기업이 일으키는 문제는 한 나라를 넘어 세계 경제에도 아주 큰 영향을 미칩니다. 오늘날 세계 경제를 지배하

는 것은 몇몇의 다국적 초거대 기업입니다. 다국적 기업이란 본사는 선진국에 있으면서 세계 수많은 나라에 지사나 공장을 세워 세계 곳곳에서 활동하는 거대 기업 집단을 가리키는 말입니다. 국가의 경계를 뛰어넘어 활동하는 것을 강조하는 뜻에서 '초국적 기업'이라 부르기도 합니다.

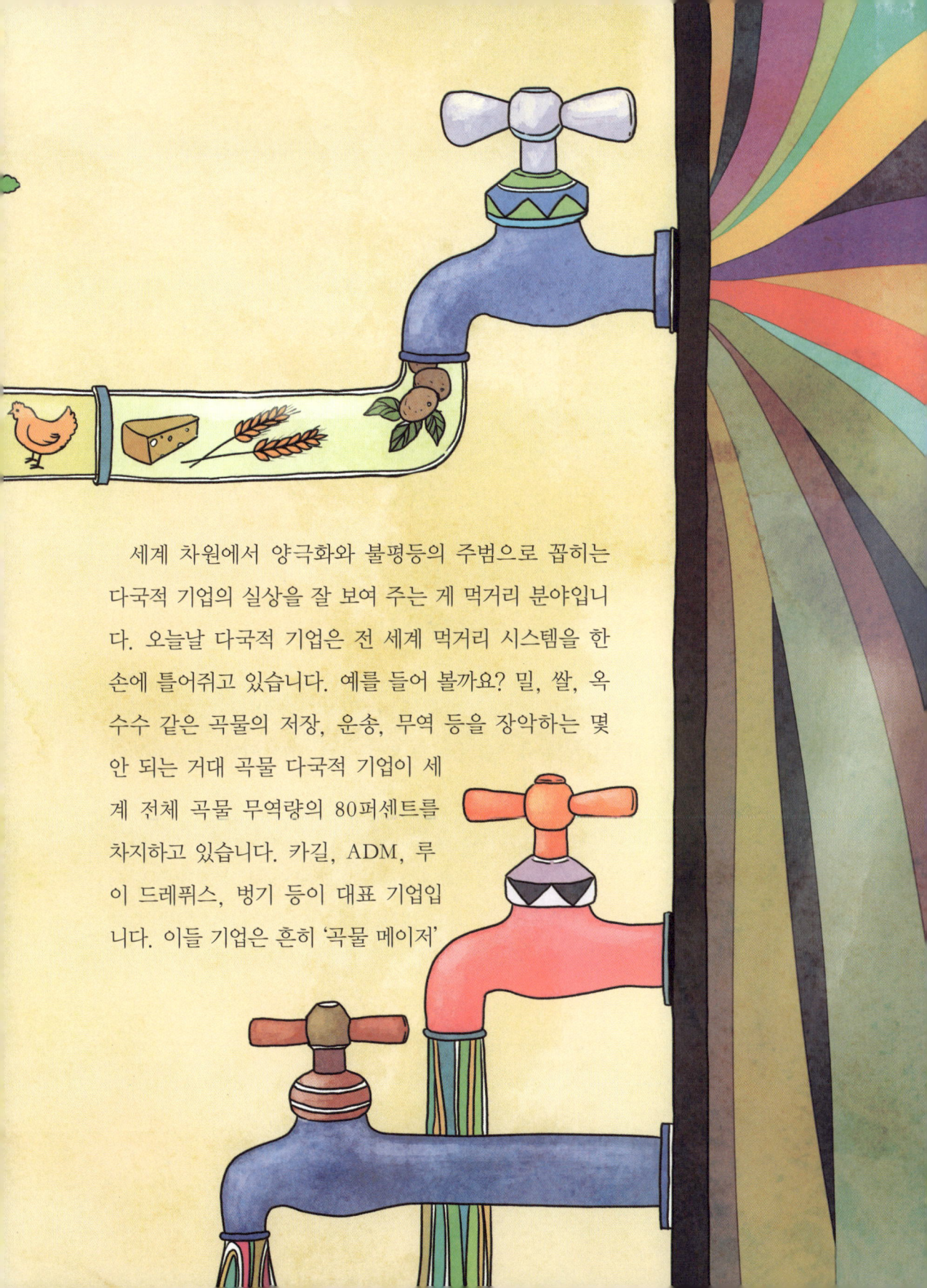

　세계 차원에서 양극화와 불평등의 주범으로 꼽히는 다국적 기업의 실상을 잘 보여 주는 게 먹거리 분야입니다. 오늘날 다국적 기업은 전 세계 먹거리 시스템을 한 손에 틀어쥐고 있습니다. 예를 들어 볼까요? 밀, 쌀, 옥수수 같은 곡물의 저장, 운송, 무역 등을 장악하는 몇 안 되는 거대 곡물 다국적 기업이 세계 전체 곡물 무역량의 80퍼센트를 차지하고 있습니다. 카길, ADM, 루이 드레퓌스, 벙기 등이 대표 기업입니다. 이들 기업은 흔히 '곡물 메이저'

라 불립니다. 우리나라도 예외가 아닙니다. 우리나라는 식량 자급률✤이 30퍼센트도 되지 않습니다. 이런 상태에서 이들 4개 기업이 우리나라 수입 곡물 시장에서 차지하는 비중은 60퍼센트가 넘습니다. 우리의 생존이 걸린 먹거리가 단 4개의 거대 기업 손아귀에 들어 있다고 하면 지나친 호들갑일까요?

농사와 먹거리의 출발점인 종자, 곧 씨앗은 어떨까요? 본래 세계 종자 시장의 최강 지배자는 몬산토라는 기업이었습니다. 세계 종자 시장의 43퍼센트, 유전자 조작 먹거리GMO의 90퍼센트를 장악하고 있었지요. 그런데 2016년에 독일의 제약 및 화학기업인 바이엘이 몬산토를 인수했습니다. 이로써 몬산토보다 더 거대한 기업이 탄생했습니다. 바이엘은 오늘날 세계 전체 종자 시장의 50퍼센트를 지배하고 있습니다.

거대 다국적 기업들은 이런 막강한 힘을 무기로 하여 상상하기도 힘든 일을 벌이고 있습니다. 예컨대 곡물 대기업들은 이미 1980년대부터 기상 위성으로 전 세계 대부분 지역의 기상 관측 자료를 받아 보고 있습니다. 그 자료를 바탕으로 6개월이나 1년 뒤 세계 어느 지역에 기상 이변이 일어날지, 어느 지역의 농사가 풍년일지 흉년일지를 예측합니다. 만약 흉작이 예상되면 곡물 대기업들은 세계 곳곳의 현지 곡물 회사들을 중개상으로 고용해 식량을 몽땅 사들입니다. 흉작으로 수확량이 떨어지면 곡물 가격이 크게 오르기 때문에 그때를 대비해 미리 사재기를 해 두는 거지요. 농사가 어떻게 될지 알 도리가 없는 농민은 그냥 헐값에 곡물을 팝니다. 결국, 곡물 대기업들은 나중에 그 곡물

---

✤ 한 나라의 식량 생산량과 국내 소비량의 비율.

을 높은 가격에 되팔아 엄청난 돈을 손쉽게 긁어모읍니다.

　이들 기업은 최근 서로서로 손을 잡는 방향으로 나아가고 있습니다. 여러 기업이 하나의 기업으로 합쳐지기도 합니다. 예를 들면 곡물 기업과 농약 기업과 종자 기업 등이 서로 힘을 모으는 식이지요. 이렇게 하는 이유는 종자에서 식탁에 이르기까지 먹거리의 모든 과정을 더욱 완벽하게 장악하기 위함입니다. 농기계, 비료, 농약 등은 물론 앞으로는 농업용 로봇, 농장 무인無人 관리 같은 첨단 농업 기술 또한 이들 극소수 공룡 기업이 틀어쥐게 될 것입니다. 이는 곧, 농업이나 먹거리와 관련된 세계의 모든 돈벌이 사업을 단 몇 개 기업이 독차지하게 된다는 얘기지요. 오늘날 전 세계 농업과 먹거리 시장은 이들 거대 다국적 기업의 '놀이터'이자 '먹잇감'이라 해도 지나친 말이 아닙니다.

　당연히 이런 시스템에서 막대한 이익을 챙기는 건 거대 기업입니다. 반면에 농민과 소비자는 큰 피해를 봅니다. 농민은 종자부터 농약, 비료, 농기계, 수확물의 가공과 판매 등을 모두 기업에 의존하는 탓에 독립성과 자율성을 잃습니다. 어떤 작물을 어떤 방식으로 생산할지, 수확물을 어디서 어떻게 팔지 등을 결정하는 것은 농사를 짓는 농부가 아닙니다. 기업입니다. 그러니 농사로 생기는 수익 대부분을 농부가 아닌 기업이 가져가게 되는 것입니다.

　소비자도 피해자이기는 마찬가지입니다. 지금의 먹거리 시스템은 소비자를 갈수록 먹거리의 원천으로부터 떼어 놓고 그 거리를 멀어지게 만듭니다. 소비자는 자신이 먹는 먹거리를 통제하거나 관리할 수 없습니다. 내가 먹는 먹거리를 누가 어디서 어떻게 생산했는지, 어떤 경로와 절차를 거쳐 내 입에 들어오게 되었는지 알기 힘듭니다. 좋든 싫든 거대 기업이 만들어 시장에서 파는 먹거리를 그냥 사 먹기 일쑤지요. 건강과 생명에 직결되는 중요한 일임에도 우리는 무력하고 수동적인 단순 소비자에 지나지 않습니다. 생산자든 소비자든 우리는 모두 이처럼 먹거리 시스템을 지배하는 거대 기업들에 깊이 종속되어 있습니다.

먹거리 이야기를 꺼낸 이유는 뭘까요? 큰 것, 다시 말하면 더 많은 성장을 지향하는 거대주의 경제의 산물인 다국적 기업이 경제와 우리 삶에 어떤 영향을 미치는지를 살펴보기 위해서입니다. 중요한 얘기여서 다시 한번 강조합니다. 거대주의는 반드시 집중과 독점을 낳습니다. 그리고 집중과 독점은 반드시 불평등과 양극화를 낳습니다.

뭔가가 지나치게 커지면 권력과 위계가 생겨납니다. 그 결과 다스리는 자와 다스림을 받는 자, 높은 자와 낮은 자, 힘센 자와 약한 자, 부유한 자와 가난한 자, 주류와 비주류, 다수자와 소수자가 서로 갈라집니다. 억압과 착취, 차별과 소외 같은 것들이 자라날 토양이 마련되는 거지요. 이렇게 하여 거대주의는 경제는 물론 사회 공동체와 민주주의를 망가뜨립니다. 그럴수록 우리 삶은 자유와 평화, 행복으로부터 멀어져만 갑니다.

## 갈수록 거대해지는 과학 기술

현대 사회는 과학 기술 사회입니다. 현대 문명은 과학 기술 문명입니다. 거대주의는 과학 기술 분야에도 불길한 먹구름을 드리우고 있습니다.

오늘날 과학 기술은 종종 '거대 과학' 또는 '거대 기술'이라 불립니다. 그 이유는 뭘까요? 크게 두 가지 배경이 있습니다. 첫째, 돈, 사람, 제도, 정책 등 모든 측면에서 국가나 기업의 막대한 지원이 밑받침되어야만 과학 기술의 발전이 가능합니다. 과학 기술 발전에 한 사회가 지닌 다양한 자원과 역량을 쏟아붓게 되었다는 얘기지요. 과학 기술을 경제 성장과 산업 발전, 국가 경쟁력 높이기, 강대국으로 도약하기 등에 활용하려는 흐름이 대세를 이루게 된 것도 이와 깊은 연관이 있습니다. 둘째, 좋은 쪽으로든 나쁜 쪽으로든 과학 기술이 미치는 영향력이 엄청나게 커졌습니다. 공간 측면에서 한 나라는 물론 지구 전체를, 시간 측면에서 지금 세대는 물론 머나먼 미래 세대의 운명을 좌우할 정도지요.

과학 기술의 급속한 거대화는 어떤 결과를 낳았을까요? 우선, 국가의 권력 논리와 기업의 돈벌이 논리가 더욱 강력하게 과학 기술을 지배하게 되었습니다. 과학 기술이 상업화되고 권력과 자본의 '시녀'가 되었다는 비판이 날로 높아지는 까닭이지요. 과학 기술에 관한 일반 사람들의 생각 또한 이런 분위기 속에서 쉽게 바뀝니다. 과학 기술에 얽혀 있는 윤리적·사회적 문제들을 고민하기보다는 과학 기술로 나라 힘을 키우고 경제를 발전시키는 게 더 중요하다는 쪽으로 말입니다. 그 바람에 거대 과학 기술이 안고 있는 부정적이고 파괴적인 속성이 더 두드러지게 나타날 가능성이 더욱 커지고 있지요.

한편으로, 국가와 자본이 짝짜꿍이 되어 과학 기술을 크게 오염시키고 있습니다. 대표적인 보기로 오늘날 지구촌 최대의 환경 문제로 손꼽히는 지구 온난화를 살펴볼까요? 세계 과학자들 가운데에는 지구 온난화가 객관적인 사실이 아니며, 인간이 일으킨 게 아니라 그저 자연 현상에 지나지 않는다고 주장하는 사람이 더러 있습니다. 여기서 놓치지 말아야 할 사실이 있습니다. 이들 뒤에는 대개 석유 기업이나 석탄 기업이 도사리고 있다는 점이 그것입니다.

지구 온난화를 막으려면 온실가스 배출량을 줄여야 하고, 그러려면 온실가스를 만들어 내는 주범인 석유나 석탄 같은 화석 연료 소비를 줄여야 합니다. 이렇게 되면 석유 기업이나 석탄 기업은 손해를 볼 수밖에 없습니다. 즉, 화석 연료 기업은 지구 온난화를 부정해야 돈을 더 많이 벌 수 있습니다. 바로 그래서 이들 기업은 엄청난 돈을 쏟아부으며 이런 과학자들을 내세워 일반 사람들이 지구 온난화를 의심하도록 여론을 유도합니다.

더 심각한 문제는 기업이 자기들 이익을 위해 국가 정책을 결정하는 데에도 깊이 개입한다는 점입니다. 막강한 자본력으로 언론인, 정치인, 관료, 학자 등을 움직이려고 하지요. 기업의 힘이 세지면서 이런 현상은 더욱 심해집니다. 그 결과 기업과 정부가 서로 결탁해 사실을 조작하기도 하고 진실을 숨기기도 합니다. 현대 과학 기술에 감추어진 또 하나의 '부끄러운 얼굴'이지요.

이를 잘 보여 주는 사례가 있습니다. 조지 부시는 2001년에서 2009년까지 미국 대통령을 지낸 사람입니다. 그는 석유 기업을 운영해 큰돈을 번 사업가 출신으로서 환경 문제에 아무런 관심이 없었습니다. 그래서인지 그는 오랫동안 석유 기업의 이해를 대변하는 로비스트로 일하면서 지구 온난화를 부정해온 필립 쿠니라는 사람을 환경 담당 정책 보좌관으로 임명했습니다. 그런데 쿠니는 4년이 넘도록 지구 온난화와 온

실가스 배출의 관계를 다룬 보고서가 올라오면 그 내용을 조작하거나 편집하는 어처구니없는 짓을 저질렀습니다. 정부 정책을 책임지는 중요한 공직자임에도 정부 보고서 내용을 제멋대로 바꾸면서 자기를 지원해 주는 석유 기업을 위해 일한 거지요. 결국, 이를 보다 못한 내부의 어느 양심적인 사람이 〈뉴욕 타임스〉라는 신문에 이 사실을 폭로했습니다. 쿠니는 거센 비난 속에서 불명예스럽게 물러날 수밖에 없었습니다. 하지만 그는 그 자리를 떠나자마자 곧바로 미국의 거대 석유 기업인 엑손모빌로 출근하기 시작했습니다.

이 이야기는 기업과 권력이 같은 이해관계로 뭉쳐 진실을 숨기는 것은 물론 왜곡하고 조작할 때도 있다는 사실을 보여 줍니다. 실제로 부시는 지구 온난화를 막으려는 국제적 노력에 찬물을 끼얹고 환경보다는 기업 이익을 지키는 데 열성이었던 대통령으로 악명이 높았습니다.

방금 얘기한 거대 기업과 권력의 부도덕한 짬짜미가 일으키는 문제는 이처럼 과학 기술 분야에서도 어김없이 확인할 수 있습니다. 과학 기술은 지금 이 순간도 눈부신 발전을 거듭하고 있습니다. 아마도 그만큼 과학 기술이 우리에게 선사해 주는 이득과 혜택 또한 커질 것입니다. 하지만 동시에, 예측하기 힘들고 해결하기 어려운 갖가지 위험과 위기도 쑥쑥 자라고 있다는 사실을 깊이 명심해야 합니다.

거대 과학 기술은 거대 위험을 낳습니다. 가장 큰 위험은 거의 언제나 부분적이고 불완전한 지식을 대규모로 무자비하게 이용하는 데서 싹트고 자랍니다. 거대 과학 기술의 집합체이자 압축판인 원자력 발전이나 핵무기가 이를 잘 보여 주지요. 최첨단 기술의 선두 주자로 꼽히는 생명 공학이나 인공 지능 분야 등에도 위험과 불확실성의 그림자가 어른거리기는 마찬가지입니다.

물론 과학 기술은 두 얼굴을 지닌 양날의 칼입니다. 잘 쓰면 '약'이 되지만 잘못 쓰면 '독'이 되지요. 칼은 사람을 죽일 때 쓰면 흉악한 살인 도구가 되지만 음식을 만들 때 쓰면 고마운 요리 도구가 됩니다. 우리는 과학 기술이라는 칼을 어떻게 써야 할까요?

## '위험 사회'를 넘어서

오늘날 과학 기술이 인류를 위험과 불확실성의 수렁으로 밀어 넣고 있는 현실에 주목하여 현대 사회를 '위험 사회 risk society'라 부르기도 합니다. 독일 사회학자 울리히 벡이 내놓은 이론이지요. 현대 사회가 얼마나 치명적인 위험을 안고 있는지를 보여 주는 사례는 아주 많습니다. 두 가지만 살펴보겠습니다.

지난 1986년 미국의 우주 왕복선 챌린저호가 비행을 시작한 지 불과 73초 만에 공중에서 폭발한 적이 있습니다. 7명의 승무원이 모두 죽었고, 1조 2천억 원을 쏟아부어 만든 첨단 우주선 또한 한순간에 산산이 부서지고 말았지요. 원인은 아주 사소한 것이었습니다. 우주선 부품 사이의 연결 부분이 벌어지지 않도록 밀폐하는 고무마개가 약간 헐거웠던 겁니다. 우주선이 발사되면서 생긴 커다란 충격 탓에 고무마개가 약간 망가졌는데, 그 영향이 그만 순식간에 우주선 전체로 퍼지면서 결국 폭발이라는 최악의 사태로 치닫고 만 거지요.

몇 년 전 영국의 어느 연구기관에서는 1962년 이래 실수로, 그러니까 사람이 순간적으로 판단을 잘못하거나 기계가 사소한 고장을 일으켜 핵무기가 발사되거나 폭발하기 일보 직전까지 간 위험천만한 경우가 13차례나 있었다는 조사 결과를 내놓았습니다. 이를테면, 지난 1960년대 초에 미국 동부 노스캐롤라이나주 하늘을 비행하던 폭격기가 고장을 일으키는 바람에 그 비행기에 실려 있던 핵폭탄 두 발이 어느 마을에 떨어졌다고 합니다. 그 가운데 한 발에서 폭발을 일으키는 장치가 작동하기 시작했습니다. 만약에 진짜로 폭발했다면 대참사를 피할 수 없었겠지요. 천만다행으로 설치돼 있던 6개의 안전장치 가운데 마지막 장치가 작동한 덕분에 아찔한 위기의 순간을 넘길 수 있었다고 합니다. 경악과 전율을 금하기 어려운 이런 순간이 지구 곳곳에서 13차례나 있었다니, 생각해 보면 소름 끼치는 일이 아닐 수 없습니다.

사실, 핵무기든 원자력 발전소든 원리는 같습니다. 물론 하나는 대량 살상 무기이고, 다른 하나는 에너지 생산 시설입니다. 하지만 이 둘은 본질적으로 '쌍둥이'입니다. 그것도 재앙과 파멸의 불씨를 품고 있는 '시한폭탄' 같은 골칫덩어리 쌍둥이지요. 제2차 세계 대전 와중에 핵무기가 개발되었고, 그 기술을 이른바 '평화적'으로 이용하자는 뜻으로 시작한 것이 원자력 발전입니다. 그래서 원자력 발전소에서 대형 사고가 나면 핵폭탄이 터지는 것과 똑같은 결과를 낳습니다. 상상을 초월하는 대재앙을 피할 길이 없지요. 1986년 4월 26일 발생한 옛 소련의 체르노빌 원전 사고, 2011년 3월 11일 터진 일본 후쿠시마 원전 사고가 이를 생생하게 보여 줍니다.

우리나라는 안전할까요? 우리나라는 국토 면적당 원전 설비 용량, 원전단지 밀집도※, 원전 주변 인구수에서 모두 세계 1위입니다. 원전단지 반경 30킬

로미터 안에 거주하는 인구가 부산 인근의 고리 원전단지는 380만 명, 경북 경주의 월성 원전단지는 130만 명에 이릅니다. 이에 견주어 후쿠시마 원전 주변 인구는 17만 명에 지나지 않았습니다. 그래서 우리나라 원전 위험도는 세계 1위로 평가됩니다. 좀 부풀려서 말하면, 우리는 지금 수많은 핵폭탄을 품에 안고 사는 셈입니다.

이제 우리는 아무리 최첨단 과학 기술이라 해도 그것을 무턱대고 믿고 따르다가는 커다란 재앙을 겪을 수도 있다는 사실을 깊이 되새겨야 합니다. 이는 곧, 인간의 과학 기술로 자연을 마음대로 통제할 수 있다거나 모든 문제를 해결할 수 있으리라는 믿음이 오만하고도 어리석은 착각이라는 걸 깨달아야 한다는 뜻이기도 합니다.

울리히 벡의 위험 사회 이론은 이런 문제의식에서 비롯했습니다. 근대화, 산업화, 과학 기술의 발전 등이 현대인에게 물질의 풍요와 생활의 편리를 안겨 주었지만 그 대신에 새롭고도 거대한 위험을 낳았다는 게 핵심 내용이지요. 위험 사회를 상징하는 대표적인 보기로는 전 지구적인 환경 위기, 원자력 발전, 대형 사고와 재난 등을 꼽을 수 있습니다. 멀리 갈 것도 없이 요즘 우리 사회에서 큰 환경 현안으로 떠오른 미세 먼지만 보더라도 우리의 일상생활이 거대한 위험으로 둘러싸였다는 걸 실감할 수 있지요.

위험이 일상이요, 일상이 위험인 사회. 위험 사회 이야기는 거대주의로 치달아 온 산업화, 경제 성장, 과학 기술 발전의 역사를 되살펴 보게 해 줍니다. 거

❊ 국토 면적에 비추어 본 원전 수.

대한 재앙 덩어리인 핵무기와 원자력 발전이 상징하듯이 지나치게 큰 것들은 본래 폭력적이고 파괴적인 속성을 지닌다는 사실을 새삼 깨닫게 해 줍니다.

　과학 기술의 주인은 국가나 기업이 아닙니다. 과학 기술과 관련된 정책이나 의사 결정을 하는 주체도 소수 전문가 집단으로 국한돼서는 안 됩니다. 과학 기술은 사회와 시민 전체의 것입니다. 우리 모두의 것, 바로 나의 것입니다. 시민의 적극적이고 능동적인 참여를 바탕으로 과학 기술을 사회적으로 세심하게 관리하고 민주적으로 운용해야 할 까닭이 여기에 있습니다. 과학 기술의 민주화. 과학 기술(자)의 사회적 책임. 과학 기술 시대에 잊어선 안 될 중요한 열쇳말들입니다.

　이제 인간의 존엄성과 인권, 자연과 생명의 가치, 우주와 삶의 신비를 소중히 여기는 과학 기술이 필요합니다. 과학 기술의 궁극적인 목적은 인간의 참된 행복과 자유를 꽃피우는 데 있으니까요. 이것이 과학 기술 거대주의에 맞서는 길입니다. 아니, 이것은 과학 기술을 넘어 그 모든 거대주의에 맞서는 길이기도 합니다.

## '작은 것'들의 행진

　그럼, 현대 과학 기술이 모두 거대하기만 한 걸까요? 그렇진 않습니다. 거대 과학 기술을 반성하면서 대안으로 제시되는 과학 기술도 있으니까요. 그 가운데 대표적인 게 '적정 기술'이라는 것입니다.

적정 기술이란 그 기술이 사용되는 곳의 구체적인 지역 환경과 조건에 맞게 만들어진 기술, 그 기술을 생산하고 사용하는 과정에서 되도록 자연을 망가뜨리지 않고 자원을 낭비하지 않는 기술, 특히 가난한 사람들의 생활에 실제로 도움을 주고 그들의 삶의 질을 높여 주는 기술을 말합니다.

대표적인 보기로는 수질이 나쁜 물을 바로 필터로 정화해 마실 수 있도록 한 '라이프스트로생명의 빨대', 전기 없이도 낮은 온도를 유지할 수 있는 '항아리 냉장고', 지하수 등에서 물을 쉽게 끌어올 수 있도록 만들어진 '슈퍼 머니 메이커 펌프', 물이 부족한 곳에서 많은 양의 물을 편리하게 운반하는 굴리는 물통 '큐드럼' 등을 들 수 있습니다. 이 모두 작은 것, 그 자체가 위험하지도 않고 위험을 만들어 내지도 않는 것, 누구나 쉽고 값싸게 이용할 수 있는 것, 국가나 기업을 살찌우는 게 아니라 풀뿌리 보통 사람들의 삶을 편리하고 풍요롭게 해 주는 것들입니다.

곧 작은 기술, 값싸고 민주적인 기술, 평화의 기술, 자립과 자조의 기술, 민중의 기술, 요컨대 '인간의 얼굴'을 한 기술이 적정 기술인 셈입니다. 돈과 권력, 극소수 전문가가 지배하고 독점하는 거대주의 기술과는 정반대라고 할 수 있지요.

'작은 것'에 담긴 힘과 지혜, 그리고 의미와 가치는 과학 기술 쪽에서만 찾을 수 있는 게 아닙니다. 이를테면 '작은 정치'는 어떤가요? 중앙의 비대한 기득권 정당들이 대장 노릇하는 거대 정치가 아니라 각 지역의 시민들이 주체가 되는 참여와 분권의 정치, 풀뿌리 정치, 생활 정치 말입니다. 소모적인 정파 싸움이나 공허한 이념 논쟁에서 벗어나 시민들의 다양한 요구와 필요를 실질적으로 채워 주는 삶의 정치. 말로만 거창한 국가나 민족을 앞세우는 게 아니라 인간의 존엄성과 자유를 가장 중요하게 여기는 사람 중심의 정치. 다수와 주류의 패권적 지배에 맞서 소수자와 비주류의 목소리를 대변할 줄 아는 약자의 정치. 많은 사람이 소망하는 '작은 정치'란 이런 게 아닐까요?

에너지도 마찬가지입니다. 예컨대 원자력 발전은 고도로 중앙 집중화된 거대 에너지의 대표주자입니다. 막대한 돈과 강력한 중앙 권력의 밑받침 없이는 존재할 수 없는 거대 에너지 시스템의 상징이지요. 이에 견주어 지역에서 생산하고 소비하는 에너지, 지역 주민이 에너지와 관련된 의사 결정의 주체가 되는 에너지가 '작은 에너지'입니다. 태양이나 바람 등을 이용하는 재생 에너지가 대표적이지요. 에너지 위기와 환경 위기를 이겨내고 성장 사회와 소비 사회를 넘어서는 데는 이런 작은 에너지가 제격입니다.

우리는 수많은 분야와 영역에 이런 논의를 다채롭게 적용할 수 있습니다. 거대주의 경제로서 기존의 자본주의 주류 경제는 자본의 탐욕을 엔진 삼아 인간과 자연을 동시에 착취하면서 굴러갑니다. 이에 맞서는 '작은 경제'는 우정과 연대, 민주주의와 협동의 가치를 원동력으로 삼고 인간과 자연을 동시에 존중하는 새로운 경제를 지향합니다. '작은 농업'은 화석 연료를 바탕으로 대규모로 산업화된 농업 대신에 자연의 순리를 거스르지 않는 생태적 농업을 추구합니다. 잿빛 거대 도시에 맞서 소규모의 마을 공동체, 곧 '작은' 삶의 장소를 곳곳에 가꿀 수도 있습니다.

이 모든 작은 것들에 거대주의가 망쳐 놓은 지금의 세상을 넘어서는 새로운 대안의 씨앗이 숨겨져 있지 않을까요? 큰 것들에 짓눌린 우리의 삶 또한 이런

작은 것들 속에서 참된 희망을 찾을 수 있지 않을까요? 작은 것들의 따스하고도 튼실한 어깨동무. 작은 것들의 당당하고도 옹골찬 행진. 이제 우리가 해야 할 일은 이런 게 아닐까요?

## 우주가 되려면 마을을 노래하라

그렇습니다. 크다고 해서 무조건 좋은 게 아닙니다. 사실은 우리 인간 자체가 무한히 광활한 우주 속에서 살아가는 작디작은 존재입니다. 거대함만을 좇는 것은 자기 파괴로 치닫는 행위입니다. 작은 것은 아름답고 자유롭고 창조적입니다. 편하고 즐겁습니다. 유연하고 다채롭고 지속 가능합니다. 지혜는 작은 것 속에 깃듭니다.

잠깐 야구 이야기를 할까요? 프로야구에서 타자가 3할을 치면 아주 우수한 선수로 대접받습니다. 투수가 던지는 공 10개 가운데 3개만 제대로 쳐도 타자로서 훌륭한 실력을 갖췄다는 얘기지요. 또한, 야구에서 선발로 나서는 투수는 10승 이상만 거두어도 우수한 선수로 평가받습니다. 보통 한 시즌에 30번 정도 선발로 나갈 기회가 주어지니까 3분의 1만 승리해도 썩 훌륭한 성적을 거두는 셈이지요. 얼핏 작아 보이는 성취가 걸출한 능력의 증거입니다. 바닷물을 짜게 만드는 건 소금입니다. 바닷물을 바닷물이게끔 해 주는 주인공이 소금입니다. 하지만 바닷물의 소금 농도는 3퍼센트에 지나지 않습니다. 3할의 힘. 3분의 1의 힘. 3퍼센트의 힘. 이것이 작은 것의 큰 힘입니다.

　러시아 작가 톨스토이는 "만약 당신이 우주가 되고자 한다면 당신의 마을을 노래하라."고 말했습니다. 인도의 정신적 스승인 마하트마 간디는 "마을이 세계를 구할 것이다. 마을이 없어진다면 인도의 미래는 없을 것이다."라고 힘주어 강조했습니다. 우주의 무한한 크기에 견주면 마을은 티끌보다 작은 곳입니다. 하지만 인류의 위대한 지성들은 마을의 중요성을 특별히 강조했습니다.

　세상을 바꾸는 방식 또한 다르지 않습니다. '지구적으로 생각하고 지역적으로 행동하라!Think globally, Act locally!'라는 유명한 말이 있습니다. 생각의 지평은 세계로 뻗어 나가되 행동과 실천은 우리가 발 딛고 살아가는 구체적인 현실에서 시작되어야 한다는 얘기지요. '나 혼자서 행동한다고 달라질 게 있을까?'라는 의심은 버리는 게 좋습니다. '내가 바꿀 수 있는 건 별로 없을 거야.'라는 체념에 빠지는 것도 어리석은 일입니다. 세상의 변화는 나로부터 시작됩니다.

　진정으로 큰 것은 작은 것에서 시작됩니다. 큰 것은 작은 것을 주춧돌과 기둥으로 삼아야만 제대로 아름답고 훌륭하고 위대한 것이 될 수 있습니다. 숲에 떨어진 작은 빗방울들이 모여 시냇물을 이루고, 그 시냇물들이 모여 큰 강을 이루며, 그렇게 만들어진 수많은 강이 흘러들어 거대하고도 장엄한 바다를 이루듯이 말입니다.

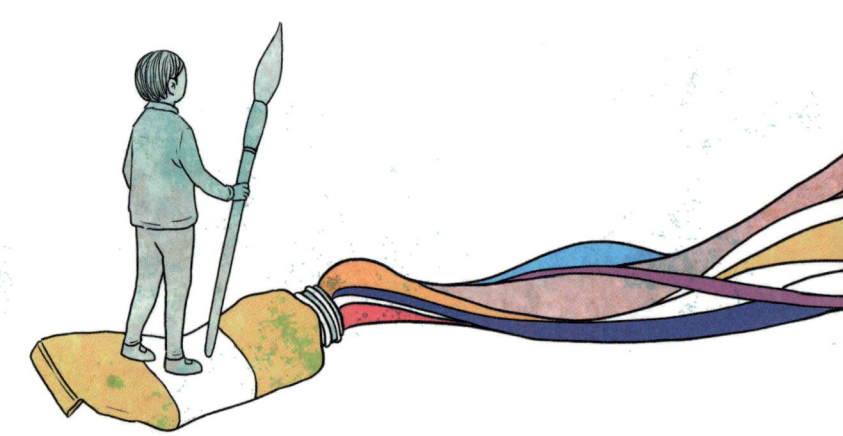

## '오래된 미래'를 보라

인도 서북부 히말라야 고원 지대에 라다크라는 고장이 있습니다. ≪오래된 미래≫라는 책으로 널리 알려진 곳이지요. 세계에서 가장 높은 산악 지역에 자리 잡은 이곳은 아름답긴 하지만 특별한 자원도 없고 땅이 기름지지도 않으며 기후마저 혹독합니다.

하지만 라다크 사람들은 천 년이 넘는 세월 동안 평화롭고 안정된 생활을 누려 왔습니다. 자연 속에서 자연과 어울리며 살아온 이들은 대부분 농사를 지었습니다. 먹거리를 비롯해 생활에 필요한 거의 모든 것을 지역 안에서 스스로 마련하며 살았지요. 물질적으로 풍요롭진 않았지만, 이들의 생활에는 여유와 활기가 넘쳤습니다. 가난이나 실업의 개념 자체를 몰랐던 이들의 생활은 소박하고 단순했습니다. 서로 돕고 의지하며 사는 가운데 몸과 마음의 평화를 두루 누렸습니다.

이런 라다크에서 가장 경멸받는 행위는 무엇이었을까요? 그건 화를 잘 내는 것이었습니다. 가장 심한 욕설도 '화를 잘 내는 사람'이란 말이지요. 노인들을 어르신으로 존경했고, 누구의 자녀든 상관없이 이웃의 아이들을 보살펴 주었습니다. 덕분에 이들은 평생을 친밀한 집단에 속해 있다는 느낌으로 살 수 있었습니다. 어려운 일이 닥쳐도 자신을 도와줄 사람들이 가까이에 있다는 이런 믿음은 평화와 안정, 그리고 여유를 떠받쳐 주는 버팀목이었습니다.

그런데, 1970년대 중반부터 라다크에 변화의 바람이 불어 닥치기 시작했습니다. 인도 정부가 이곳을 개발하고 외부에 개방하기로 한 결과지요. 그 뒤 많은 게 바뀌었습니다. 포장도로가 뚫리고, 서구식 공장과 학교, 병원, 은행, 발전소, 비행장 따위가 속속 들어섰습니다. 외부 관광객이 떼 지어 몰려오기 시작했습니다. 화려해진 도시로 시골 사람들이 몰려들었고, 관광객을 대상으로 하는 호텔, 식당, 술집 같은 시설도 빠르게 늘어났습니다. 한적하던 곳에 수많은 집과 건물이 들어찼습니다. 가난한 사람들이 모여 사는 빈민가가 생겨나기도 했습니다.

이런 변화의 흐름을 타고 라다크 사람들의 생활은 어떻게 바뀌었을까요? 물질적으로는 형편이 좋아졌습니다. 갖가지 상품과 시설이 쏟아져 들어온 덕분입니다. 그렇지만 결정적인 문제가 생겼습니다. 그것들을 사거나 이용하려면 돈이 필요했습니다. 돈이 라다크를 지배하게 된 겁니다. 이전에는 음식, 옷, 집을 비롯해 사는 데 필요한 거의 모든 것을 스스로 만들 줄 알았던 사람들이 이제는 바깥에서 들어온 상품에 의존하게 되었다는 얘기지요. 그러다 보니 늘 웃으며 느긋하게 살던 사람들이 갑자기 돈을 벌려고 안달복달하게 되었습니다. 이제 라다크 사람들은 자신들이 너무 가난하고 뒤떨어졌다고 느끼게 되었습니다. 특히 젊은이들은 이곳의 오랜 전통과 문화를 부끄럽게 여기면서 열등감에 사로잡히게 됐습니다.

사람들 사이의 관계도 변했습니다. 서로 돕고 기대는 게 아니라 돈과 일자리를 놓고 경쟁하는 사이가 된 겁니다. 공동체적 생활방식도 무너졌습니다. 끈끈하게 연결돼 있던 사람들이 노인과 젊은이, 부자와 가난한 사람, 불교를 믿는 사람과 이슬람교를 믿는 사람, 전문가와 일반 사람, 도시 사람과 시골 사람 등으로 갈라졌지요.

개발이 막 시작될 즈음에는 바깥에서 관광객들이 찾아와 아무리 돈을 많이 주겠다고 해도 물건을 팔려고 하지 않았습니다. 그래서 당시 라다크 개발을 이끌던 어느 관리가 이런 말을 했다고 합니다.

"라다크를 개발하려면 이 사람들을 더 탐욕스럽게 만드는 방법을 찾아야 한다. 그러지 않고는 이들을 움직일 수 없다."

결국, 라다크는 이 관리의 뜻대로 되었습니다. 자연과 공동체에 뿌리를 내리고 오순도순 단란하게 살던 사람들이, 그리고 그들이 자연과 더불어 누리던 평화와 행복이 그만 돈과 개발의 거친 파도에 휩쓸려가고 만 겁니다.

## 경제 성장이 꼭 좋은 걸까?

라다크 이야기가 전하는 메시지는 뭘까요? 개발이나 물질의 발전이 무조건 나쁘다는 걸까요? 아닙니다. 때로 개발은 필요합니다. 중요한 건 어떤 개발이냐 하는 점입니다. 라다크 이야기는 삶의 참된 기쁨과 평화가 어디서 샘솟는지를 잘 보여 줍니다. 사람과 자연과 공동체 사이의 연결 고리를 깨뜨리면서 진행되는 마구잡이 개발이 어떤 결과를 낳는지도 또렷이 보여 줍니다. 그래서 우리는 새삼 확인하게 됩니다. 개발 과정에서 잃어버리거나 잊어버리지 말아야 할 소중한 것들이 있다는 것, 그리고 그것들을 간직하는 게 아주 중요하다는 사실을 말입니다.

경제 성장도 이런 맥락에서 되짚어 볼 수 있습니다. 성장에 관한 이야기는 앞에서도 잠깐 했습니다. 하지만 좀 더 깊이 들여다볼 필요가 있습니다. 지금 세상이 경제 성장을 워낙 우상처럼 떠받드는 데다, 그 탓에 경제 성장을 둘러싼 신화와 환상 또한 아주 강력하기 때문입니다.

경제 성장이란 정확히 뭘 뜻하는 걸까요? 한마디로 경제 규모가 커지는 것을 말합니다. 핵심은 '생산'입니다. 물건이든 서비스든 뭔가를 많이 생산할수록 경제는 성장합니다. 생산을 얼마나 많이 했는지를 재는 기준은 '돈'입니다. 그러니까, 질적인 내용과는 상관없이 양적으로 돈을 더 만들어 내기만 하면 경제가 성장하는 게 된다는 얘깁니다.

경제 성장을 나타내는 대표적인 지표는 '국내 총생산'입니다. 흔히 GDP<sub>Gross</sub>

Domestic Product라는 영어 약칭으로 불리지요. 이것은 한 나라 안에서 한 해 동안 생산된 재화와 서비스를 모두 합친 것을 화폐 단위로 나타낸 것을 말합니다. 2017년 기준으로 우리나라의 GDP 순위는 세계 11위, 국민 한 사람당 GDP 순위는 세계 29위권에 이릅니다. 세계 대부분 나라는 이 순위를 조금이라도 끌어 올리려고 갖은 애를 다 씁니다. 그래야 잘사는 나라, 발전한 나라, 곧 선진국으로 인정받을 수 있어서입니다. 결국, 물건이든 뭐든 생산을 많이 할수록 선진국으로 평가받는다는 거지요.

이것은 얼핏 보면 별다른 문제가 없는 것 같습니다. 하지만 속을 들여다보면 어처구니없는 일이 많습니다. 이를테면 전쟁이 터지고, 태풍 같은 자연 재난이 닥치고, 환경 사고나 자동차 사고가 나고, 숲을 베어 내고, 물이 오염되어 생수를 사 먹고, 범죄자가 늘어나 교도소를 많이 지어도 경제 성장에 이바지한 것이 됩니다. 이 모든 경우에 돈이 만들어지기 때문이지요.

전쟁이 터지면 무기를 많이 만들고 사고팝니다. 태풍이 휩쓸고 지나가면 무너지거나 부서진 집, 건물, 도로, 다리 등을 복구해야 합니다. 자동차 사고가 나면 수리를 하거나 새 차를 사야 합니다. 베어 낸 나무는 팔거나 다른 물건을 만드는 재료로 쓰입니다. 이 모든 경우에 돈이 오가고 돈이 만들어집니다. 생수를 사 먹거나 생수 공장을 건설할 때에도, 교도소를 짓고 운영할 때에도 마찬가지 일이 일어납니다. 이 모든 게 경제 성장으로 기록되는 까닭입니다.

이런 경제 성장 논리에 따르면 자기 집 뜰에서 직접 기른 감자를 먹는 건 적어도 경제적 측면에서는 아무런 의미가 없습니다. 화폐 거래가 없으니까요. 반면에 머나먼 나라에서 생산되어 엄청난 에너지를 소모하면서 수입해 온 외

국의 포테이토 칩 과자를 사 먹으면 경제 성장에 이바지하게 됩니다. 돈이 만들어지니까요. 우스꽝스러운 일이 아닐 수 없습니다.

이런 일도 있었습니다. 제2차 세계 대전이 벌어지던 중에 당시 영국은 전쟁이 자기 나라 경제 성장에 유리하다는 결론을 내렸습니다. 지난 1989년 북태평양 알래스카 근처에서 대형 유조선인 엑슨 발데즈호 기름 유출 사고가 터졌습니다. 역사상 최악의 바다 오염 사고로 꼽히는 초대형 환경 재난이었지요. 하지만 그 덕분에 당시 사고가 난 곳에서 가까운 캐나다 경제는 크게 성장했습니다. 미국의 어느 환경 운동가는 자동차 사고가 한 번 날 때마다 미국 경제가 성장한다고 비꼬기도 했습니다.

경제 성장의 실체가 이러합니다. 경제 성장은 돈으로 계산할 수 있는 양적인 생산이 늘어나는 것만을 가리킵니다. 사람이 겪는 고통, 환경 파괴, 자원 고갈, 에너지 낭비, 공동체 붕괴 등에는 관심을 두지 않습니다. 더구나 경제 성장을 나타내는 지표에는 전체 생산 활동에서 자연이 담당하는 몫이 빠져 있습니다. 또 청소·빨래·요리 등과 같은 가사 노동, 아이를 낳고 키우며 아픈 사람을 돌보는 것과 같은 이른바 '돌봄또는 보살핌 노동', 농업이나 수공업 등에서 더러 보듯이 자기에게 필요한 것을 스스로 생산하는 자급 노동, 서로 돕고 봉사하는 활동이나 물물 교환 등도 경제 성장을 계산하는 데에는 포함되지 않습니다. 이 모두 사람이 살아가는 데 아주 소중한 것임에도 돈, 곧 화폐가 오가지 않기 때문입니다.

이제 우리는 이런 질문을 던지게 됩니다. 경제 성장을 얼마나 이루었느냐가 한 나라의 진정한 수준이나 사람의 행복을 판단하는 잣대가 될 수 있을까? 경제 성장을 무조건 좋고 바람직하다고 여기는 게 이치에 맞는 일일까?

## 채굴은 그만, 이제 생명으로

질문은 이렇게도 이어집니다. 이런 식으로 이루어지는 경제 성장이 무한히 계속될 수 있을까? '더 많은 생산'을 맹목적으로 믿고 떠받드는 시스템이 영원히 유지될 수 있을까?

간단명료한 문제여서 결론부터 얘기하겠습니다. 경제 성장은 무한히 계속될 수 없습니다. 성장에는 한계가 있습니다. 지구는 단 하나뿐입니다. 자원은 무한하지 않습니다. 재생되지도 않습니다. 이건 너무나 명백한 사실입니다. 그러니 지구가 허용하는 생태적 용량을 넘어서는 성장은 지구를 망가뜨릴 수밖에 없습니다. 그 지구를 삶의 터전으로 삼는 모든 생명을 위기로 몰아넣을 수밖에 없습니다. 지구를 파괴하고 학대해야만 작동하는 경제가 지속 가능하다면 그게 오히려 이상한 일이 아닐까요?

경제는 지구의 하위 시스템입니다. 지구에서 벌어지는 여러 활동의 한 부분일 뿐이지요. 경제 성장이 지구를 넘어서서, 혹은 지구 바깥에서 이루어질 순 없습니다. 그럼에도 지금은 성장주의 경제가 온 지구를 집어삼키고 있는 형국입니다. 이런 경제는 어리석고 병든 경제입니다. 오래갈 수 없습니다.

이런 터에, 이미 우리는 성장이 제자리걸음이거나 크게 무뎌진 경제를 오랫동안 경험하고 있습니다. 이것은 우리나라뿐만 아니라 세계 경제 전반의 장기적 추세입니다. 세계 경제를 이끄는 자본주의 체제의 위기와 모순이 갈수록 깊어가고 있는 탓입니다. 이제 개인이든 나라든 성장 없는 삶, 성장 없는 세상에 적응할 줄 알아야 합니다. 경제 발전도, 생산이나 소비도, 재생 불가능한 자원을 쓰는 것도 오직 '어느 정도까지만' 좋습니다. 무한한 성장은 더는 가능하지도 않고 바람직하지도 않습니다.

여기서 소개하고 싶은 게 하나 있습니다. '생태 발자국'이라는 개념이 그것입니다. 이것은 인간이 살아가는 데 필요한 자원을 생산하고 쓰레기를 처리하는 데 드는 모든 비용을 땅의 넓이로 계산해서 수치로 나타낸 것입니다. 그러니까 이 수치가 높을수록 자연 생태계가 많이 파괴됐다는 걸 뜻하지요.

'세계 야생 동물 기금'이라는 국제 환경 단체의 조사 결과에 따르면, 지금의 생태 발자국이라면 지구가 1.5개 필요합니다. 지금의 산업 발전 정도나 소비 수준만 놓고 보더라도 이미 지구에 적절한 수준을 넘어섰다는 얘기지요. 지금 추세가 계속된다면 2030년에는 지구가 2개, 2050년이면 3개가 필요할 거라고 합니다. 모든 인류가 미국 사람의 소비 수준을 누리려면 지구 5.4개가 필요하고, 우리나라 사람들처럼 소비 생활을 하려면 지구가 2.5개 필요하다는 조사 결과도 나와 있고요. 생태 발자국 이야기는 달콤한 성장과 소비에 중독된 '흥청망청 경제'가 오래갈 수 없다는 사실을 다시금 일깨워 줍니다.

이런 맥락에서 중앙아메리카의 작은 나라인 엘살바도르에서 최근 벌어진 일은 우리의 시선을 끌 만합니다. 이 나라는 지난 2017년 3월 30일 세계에서 처음으로 광산 채굴을 중단했습니다. 이날 엘살바도르 의회는 자기 나라 안에서 금속 자원을 채굴하는 사업을 모두 금지하는 법안을 세계 최초로 통과시켰습니다. 이것은 "물은 금보다 귀하다."라는 구호를 내걸고 극심한 환경 오

염을 일으키는 광산 채굴을 막아 물을 지키려는 엘살바도르 민중이 수십 년간 싸워 온 결과입니다.

이 나라는 아메리카 대륙을 통틀어 환경 파괴가 심각한 나라로 악명이 높습니다. 마구잡이 광산 채굴로 지표수✿의 90퍼센트 이상이 유독 물질로 오염되었습니다. 땅도 황폐해졌고 사람들 건강도 크게 망가졌습니다. 한데 좁은 국토에 인구는 아주 많습니다. 물 오염과 물 부족이 나라 전체의 중대한 현안이 될 수밖에 없지요.

엘살바도르는 가난합니다. 성장주의 경제 논리에 따르자면 외국 자본의 투자가 절실히 필요합니다. 하지만 이곳 사람들은 다른 길을 선택했습니다. 이들은 사람의 목숨을 빼앗는 투자는 필요 없다고 선언했습니다. 이들은 이렇게 묻습니다. 광산 채굴로 자연과 인간이 다 죽어 가는 판국에 외국 대기업들이 주도하는 광업으로 경제적 이익을 얻는다고 한들 그것이 누구의 삶과 미래를 위한 것인가? 그리고 이렇게 대답합니다. "채굴은 그만, 이제 생명으로No to mining, Yes to life."

무한 성장의 깃발을 내걸고 앞만 보고 질주하는 지금의 경제는 사람과 자연과 사회 모두를 망가뜨리고 있습니다. 이제 다른 길을 선택해야 하지 않을까요? 생명과 삶의 평화를 지키려는 열망으로 거리로 쏟아져 나온 엘살바도르 사람들. 이들이 내린 놀라운 결단이 전해 주는 이야기를 깊이 새겨야 하지 않을까요?

------

✿ 땅에 있는 모든 물을 일컫는 말로 하천, 호수, 운하, 바다 등의 물을 모두 포함한다.

## 참 행복이란 뭘까?

경제 성장 이야기는 자연스레 참된 행복이란 무엇인가에 관한 이야기로 이어집니다. 우리는 흔히 많이 소유하고 많이 소비할수록 행복할 것이라고 생각합니다. 실제로, 돈을 많이 버는 것을 인생의 가장 큰 목표로 삼는 사람이 수두룩하지요.

돈이 많아서 경제적으로 넉넉하면 안정적인 생활을 할 수 있고 여러모로 편리한 게 사실입니다. 솔직히 말해, 먹고사는 기본 생계조차 꾸리기 힘든 몹시 가난한 상태, 좀 어려운 말로 '절대적 빈곤' 상태에 놓여 있다면 행복이고 뭐고 따질 여유 자체가 없을 것입니다. 원초적인 생존을 둘러싼 공포와 불안에 시달리는 것만으로도 사는 게 너무 고달프고 괴로울 테니까요. 사람의 육신과 정신을 모두 무너뜨리는 이런 비참한 빈곤은 이 지상에서 시급히 없애야 할 '악'입니다.

하지만 말입니다. 우리 모두 잘 알듯이 사람은 돈으로만 살지 않습니다. 물질의 풍요에 지나치게 집착하는 삶의 태도가 과연 현명한 걸까요? 많이 가지는 것이 행복으로 가는 유일한 지름길이라는 믿음이 과연 옳은 걸까요? 자, 찬찬히 한번 생각해 볼까요? 사람이 마음에서 우러나오는 깊은 행복감이나 만족감을 느낄 때는 언제일까요?

갖고 싶은 물건을 샀을 때일까요? 더 크고 멋진 집으로 이사했을 때일까요? 물론 이럴 때도 나름 행복할 것입니다. 그렇지만 이런 종류의 행복, 곧 물질을 손에 넣음으로써 얻는 행복은 아무리 채우고 또 채워도 끝이 없지 않을까요? 물건이든 집이든 더 좋은 '신상품'이 끊임없이 나올 것이니 새것을 계속 사고 싶을 테니까요. 그러니 이런 행복은 무한히 목마르고 허기질 수밖에 없는, 다시 말하면 '밑 빠진 독에 물 붓기' 같은 행복이 아닐까요?

이에 견주어 이럴 때 느끼는 행복은 어떨까요? 예를 들면 남이 시키는 일이 아니라 내가 진짜 하고 싶은 일에 몰두할 때, 강박 관념이나 긴장감에서 벗어나 느긋하게 여가를 즐길 때, 가족·친구·이웃 등과 서로 사랑과 우정을 나누며 친밀하게 지낼 때, 힘든 일이 닥치거나 심각한 고민거리가 있어도 허물없이 털어놓고 서로 돕고 의지할 사람이 곁에 있을 때, 자연의 숨결과 향기 속에 머물 때, 다른 사람에게 존중과 칭찬과 존경을 받을 때, 의미나 가치가 있다고 여기는 공적인 활동에 자발적으로 참여할 때…….

'풍요의 역설'이라는 이론이 있습니다. 소득 증가가 일정한 수준에 이르러 기본적 욕구나 필요가 충족되면 그 이후론 소득이 늘어나도 행복에는 별다른 영향을 끼치지 않는다는 게 핵심 내용입니다. 이 이론을 처음 내놓은 미국 경제학자 리처드 이스털린의 이름을 따 '이스털린의 역설'이라 부르기도 하지요. 그는 1946년부터 거의 30년에 걸쳐 가난한 나라와 부유한 나라, 사회주의 나라와 자본주의 나라 등을 포함해 30개 나라 사람들의 행복도가 어떻게 변하는지를 연구했습니다. 그 결과 소득 증가가 어느 시점을 지나면 행복도가 그와 비례해서 높아지지 않는 현상을 발견했습니다. 그는 가난한 나라 사람들의 행복 지수가 오히려 높고 미국 같은 이른바 선진국 사람들의 행복 지수가 낮다는 연구 결과를 내놓기도 했습니다.

이 이론은 우리나라에도 잘 들어맞는 듯합니다. 우리나라는 아주 짧은 기간에 세계에서도 유례를 찾아볼 수 없는 초고속 경제 성장과 산업화를 이룩했습니다. 그 결과 예전에는 상상하기도 힘들었던 물질의 풍요가 삽시간에 들이닥쳤습니다. 그렇다면 찢어질 듯이 가난했던 옛날보다 행복한 사람이 훨씬 더 많아져야 하지 않을까요?

현실은 그렇지 않습니다. 오히려 더 불안하고 불행해졌다고 얘기하는 사람이 적지 않습니다. 우리나라가 세계 최고 수준의 자살률을 기록하고 있다는 사실이 단적인 보기지요. 반면에 출산율은 세계에서 가장 낮습니다. 교통사고와 산업재해는 세계에서 가장 많이 일어납니다. 열심히 일해서 이 정도 살 만해졌으면 좀 여유를 누려도 괜찮겠건만, 노동 시간 또한 세계에서 가장 긴 편에 속합니다.

자살하는 사람과 아이를 낳지 않는 사람이 아주 많다는 사실이 뜻하는 바는 뭘까요? 높은 자살률이 '현재'를 들여다볼 수 있는 지표라면 낮은 출산율은 '미래'를 가늠해 볼 수 있는 잣대입니다. 한마디로, 그만큼 현재에 절망하고 미래를 비관하는 사람이 많다는 얘기지요.

사실, 우리 사회는 평생에 걸쳐 지나치게 아등바등하며 사는 사람이 너무 많은 것 같습니다. 먹고사느라, 취직하느라, 취직하면 밀려나지 않으려고 애면글면하느라, 자식들 교육시키느라, 성공하고 출세하려고 몸부림치느라, 오르는 전세금과 월세를 마련하고 내 집 장만하느라, 망가진 건강을 챙기느라, 늙어서는 어떻게 먹고살지 노후를 걱정하고 준비하느라 늘 바쁘고 정신이

✿ 몹시 힘에 겨운 일을 이루려고 갖은 애를 쓰는 모양.

　없습니다. 여기에다 계속되는 경제난 속에서 양극화와 불평등이 갈수록 깊어지면서 사람마다 근심·걱정이 떠날 날이 없습니다. 수많은 젊은이가 우리나라를 '헬조선', 그러니까 지옥 같은 나라라고 서슴없이 규정하는 데에는 다 그럴 만한 이유가 있는 거지요.
　우리나라가 유독 심하긴 하지만 사실은 세계 전체를 둘러보아도 사정은 크게 다르지 않습니다. 물질적으로는 과거에 견주어 눈부시도록 잘살게 되었지만, 사람들은 그만큼 행복해지지 않았습니다. 왜 그럴까요? 산다는 게 무엇이길래 이런 일이 벌어지는 걸까요?

## 흥청망청이 가져온 불행

이쯤에서 나우루라는 나라 이야기를 들려주고 싶습니다. 나우루는 남태평양에 있는 인구 1만여 명의 작고 외딴 섬나라입니다. 이 나라는 30~40년 전만 해도 세계에서 가장 잘사는 나라에 속했습니다. 하지만 지금은 세계에서 가장 가난하고 비참한 나라 가운데 하나로 전락하고 말았습니다. 이 섬에서 무슨 일이 있었던 걸까요?

나우루 사람들은 어느 날 섬에 인광석이라는 지하자원이 엄청나게 많이 묻혀 있다는 걸 알게 되었습니다. 태평양을 날다 이곳에 들른 수많은 철새의 배설물이 오랜 세월을 거치면서 땅에 스며들어 만들어진 거지요. 이 인광석은 비료를 만드는 데 반드시 들어가야 할 물질입니다. 현대 농업에서 비료 없이 농사를 지을 순 없으니 온 세계가 필요로 하는 자원인 셈이지요. 그러니 나우루로서는 이 인광석을 캐내 팔기만 하면 아주 손쉽게 돈을 벌 수 있게 되었습니다.

이것이 비극의 시작이었습니다. 인광석 덕분에 하루아침에 벼락부자가 된 나우루 사람들은 그저 먹고 마시고 놀기만 하는 생활에 빠져들기 시작했습니다. 나라에 돈이 차고 넘치니 모든 게 공짜로 주어졌습니다. 우리나라 울릉도의 3분의 1밖에 안 되는 좁은 섬에서 집집이 자동차를 몇 대씩 굴렸고, 청소나 빨래 같은 집안일마저 나라가 월급 주고 고용한 외국인 노동자가 대신해 주었습니다. 어른들이 어린아이들에게 용돈을 몇백만 원씩이나 주는 게 예사였습니다. 심지어는 아기 돌 생일 선물로 자동차를 주는 일도 있었다지요.

그 와중에 먹거리도 바뀌었습니다. 먹기 편하고 자극적인 맛으로 범벅된 패스트푸드와 가공 음식이 나우루 사람들의 식탁을 점령했습니다. 그 결과 주민 대다수의 몸에 이상이 생겼습니다. 당뇨병, 고혈압 같은 무서운 병에도 걸렸고요. 게다가 음주 운전이 사망 원인 1위였다고 합니다.

이런 방탕한 생활이 오래갈 수 없으리라는 건 익히 짐작할 수 있는 일입니다. 나우루는 쫄딱 망하고 말았습니다. 결정타는 인광석 고갈이었습니다. 재생되지 않는 자원을 마구 캐내기만 했으니 이는 당연한 일이지요. 그 결과 돈다발이 안겨 주는 달콤한 소비와 사치에 중독돼 흥청망청 편하게만 살던 부자들이 하루아침에 거지 신세로 전락하고 말았습니다.

여기서 한 가지 의문이 들 법합니다. 나우루 사람들이 바보가 아닐 바에야 인광석으로 벌어들인 그 막대한 돈을 이용해 장기적으로 먹고살 길을 찾지 않았겠냐는 거지요. 아닌 게 아니라 나우루는 기금을 만들어 오스트레일리아(호주)와 하와이의 부동산 사업에 투자하는 등 이런저런 노력을 기울이긴 했습니다. 하지만 경험이 부족한 데다 여러 판단 잘못과 실수가 겹쳐 결과적으로는 물거품이 되고 말았습니다.

최근에는 이런 나우루에서 더욱 나쁜 소식이 들려오고 있습니다. 나우루가 새로운 '쓰레기장'으로 바뀌고 있다는 것입니다. 충격적인 것은 쓰레기장을 채우는 것이 물건이 아니라 사람이라는 사실입니다. 무슨 얘기냐고요? 사람이 쓰레기처럼 버려지고 있다는 사실이 그것입니다.

망해가던 나우루 정부는 텅 빈 나라 곳간에 얼마간의 돈이라도 채우려고 오스트레일리아 정부한테서 돈을 받고 난민 수용소 터를 제공하는 데 동의했습니다. 자기 나라로 들어오려는 난민들로 골머리를 앓던 오스트레일리아는 나라 바깥 어딘가로 난민들을 쫓아낼 방법을 찾고 있었지요. 오스트레일리아로 들어오려는 난민들은 대개 아프가니스탄, 스리랑카, 이라크, 이란, 파키

스탄 등과 같은 아시아 여러 나라 출신들입니다. 전쟁, 종교적 갈등, 극심한 가난 등과 같은 여러 이유로 자기 나라를 등질 수밖에 없는 사람들이지요. 이러던 차에 나우루에 이들을 보낼 난민 수용소를 마련하기로 합의가 이루어진 겁니다.

이에 따라 오스트레일리아 해군은 바다를 정찰하다가 난민들이 탄 배를 발견하면 바로 붙잡아 나우루로 끌고 갑니다. 나우루에 도착한 난민들은 경비가 삼엄한 수용소에 강제로 갇힙니다. 수용소 막사는 쥐와 벌레가 들끓고 불볕더위가 기승을 부립니다. 게다가 비좁은 공간에 많은 난민을 한꺼번에 몰아넣고 있습니다. 오스트레일리아 정부는 난민들에게 합법적인 신분을 인정해 주지 않고 이런 수용소에 길게는 5년 동안이나 무작정 가둬 둡니다. 그러다 보니 이곳에서는 "우리는 짐승이 아니다."라는 구호를 외치며 단식 농성을 벌이거나 삶을 포기하는 사람이 계속 나오고 있습니다. 이곳을 '죽음의 공장'이라 부르는 사람마저 있을 정도지요.

자원을 마구잡이로 캐내고 그렇게 번 돈으로 사치와 향락을 누리다 나라 경제와 국민 생활이 모두 파탄 난 나라, 나우루. 이제 이곳에 남은 건 파괴된 자연과 고갈된 자원, 병든 사람과 망가진 공동체, 그리고 무너진 경제와 비참한 가난뿐입니다. 게다가 이제는 인간이 쓰레기처럼 버려지는 가슴 아픈 일이 벌어지고 있습니다.

나우루에서 벌어지는 일과 나우루 사람들이 겪은 일이 꼭 나우루에만 국한되는 걸까요? 나우루 이야기는 새삼 '사람은 어떻게 살아야 하는가?'라는 질문을 던집니다.

이제는 행복의 개념 자체를 바꾸어야 합니다. 돈, 권력, 사회적 지위 따위가 행복의 잣대로 여겨지던 때는 지나가고 있습니다. 참된 만족과 기쁨, 그리고 내면의 평화는 이런 것들에서 샘솟지 않습니다. 어떻게든 더 많이 가지고 더 높이 오르려는 끝없는 탐욕. 나의 생존과 성공을 위해서는 남을 짓밟고 남보다 앞서야 한다는 이기적 경쟁심. 이런 것들이 세상을 지배하는 한 참된 행복은 누구도 맛보기 어려울 것입니다.

　얼마나 많이 소유하고 소비해야 충분할까요? 얼마나 더 편리하고 안락해져야 만족할까요? 충분한 것을 너무 적다고 여기는 사람에게는 아무리 많은 것도 충분하지 않습니다. 나우루 사람들처럼 이미 충분한데도 삶에 대한 성찰이나 절제 없이 마냥 탐욕의 늪에 빠져 허우적거리다가는 끝내 망하고 맙니다. 이제 진정으로 '잘산다는 것'과 '좋은 삶'이란 무엇인지를 근본적으로 되짚어 볼 때입니다. 양적인 것에서 질적인 것으로 눈을 돌려야 합니다. 무턱대고 앞으로만 내달릴 게 아니라 그렇게 달려가는 길의 끝에는 무엇이 기다리고 있는지, 그리고 도대체 왜, 무엇을 위해 달리는지를 찬찬히 되살펴 봐야 합니다.

## 소비자가 왕이라고?

　어떻게 살아야 하는지를 끊임없이 되물어야 하는 큰 이유 가운데 하나는 우리가 살아가는 세상이 고도로 발전한 소비 사회이기 때문입니다. 자본주의 소비 사회는 '만족'이란 걸 모릅니다. '이만하면 충분하다, 이쯤이면 됐다.'라는 마음의 평안과 여유를 좀체 허용하지 않습니다. 지금 가진 것이 아무리 많아도 더 많이 소유하고 소비해야 행복해질 거라고 끝도 없이 속삭입니다.

그 결과 삶의 균형 감각과 내면의 평화가 깨집니다. 절제나 인내의 미덕, 무엇이든 '한계'가 있다는 것을 인정하고 받아들이는 겸손한 지혜 같은 것들도 무시당합니다. 그래서 사는 게 평화롭고 안녕하려면 소비 사회의 실체와 내막을 좀 더 자세히 들여다볼 필요가 있습니다.

먼저 눈여겨볼 것은, 현대 소비 사회가 사람들이 소비하는 이유를 크게 바꿔 놓았다는 사실입니다. 옛날의 소비는 어땠을까요? 예전 사람들이 소비하는 주된 이유는 삶의 기본적인 필요나 물질적인 욕구를 충족시키기 위함이었습니다. 음식을 사는 이유는 배가 고파서였고, 옷을 사는 이유는 몸을 가리거나 추위를 이기기 위해서였습니다. 요즘은 어떤가요? 요즘 사람 가운데 주린 배를 채우거나 헐벗은 몸을 가리려고 음식을 먹거나 옷을 입는 사람이 얼마나 될까요? 그보다는 얼마나 맛있는 음식을 먹고 얼마나 멋진 옷을 입는지가 훨씬 더 중요하지 않나요?

현대인의 소비생활에서 단순한 물질의 욕구나 생존의 필요를 충족시키기 위한 소비의 비중은 그리 크지 않습니다. 요즘은 편리함, 효율성, 청결함, 쾌적함 등이 기존 물건을 버리고 새것을 사는 큰 이유입니다. 특히 편리함이 효율성과 결합하면서 사람들이 일하는 데 쓰는 시간과 수고를 줄여 주는 물건들이 쏟아져 나오게 되었습니다.

예를 들어 볼까요? 오늘날 대부분 가정은 세탁기, 냉장고, 진공청소기, 전자레인지 등을 빠짐없이 갖추고 있습니다. 이런 물건들은 사람들 생활을 아주 편리하고 안락하게 해 주며 시간을 아끼게 해 줍니다. 특히 현대인은 이런 물건들 덕분에 고되고 지겨운 가사 노동의 굴레에서 벗어날 수 있게 되었습니다. 옛날 같으면 하인을 거느린 귀족들이나 누릴 수 있었던 '여유를 즐기는 생활'을 이젠 평범한 보통 사람들도 누구나 맛볼 수 있게 됐지요.

　이처럼 오늘날 소비의 핵심은 물질적인 필요의 만족 자체가 아닙니다. 그 만족을 얼마나 빨리, 손쉽게, 쾌적하게 얻느냐가 중요합니다. 그 결과 소비는 자유, 해방, 행복과 같은 것을 뜻하게 되었습니다. 현대인은 뭔가를 사면 자유를 누린다는 느낌이 듭니다. 뭔가를 사면 내가 세상의 중심이 된 것 같습니다. 갖고 싶었던 물건을 손에 넣으면 왠지 새로운 힘이나 권력이 솟아나는 듯한 기분이 들기도 합니다.

　아닌 게 아니라 요즘은 "고객은 왕이다."라는 말을 자주 합니다. 그래서 백화점 같은 곳에 가면 물건을 사러 온 고객, 곧 소비자들을 왕처럼 떠받들어 모시곤 합니다. 물건을 많이 살수록, 비싼 물건을 살수록, 요컨대 돈을 많이 쓸수록 대접의 수준은 더욱 높아지지요. 종업원이 고객에게 굽실거리기도 하고 자질구레한 시중을 들기도 하면서 진짜 하인처럼 굴 때도 많습니다. 이럴 때 지갑을 쓱 여는 소비자는 왕이나 귀족이 된 것 같은 우쭐한 기분을 맛봅니다. 게다가, 어른이라면 누구나 가지고 다니는 신용 카드는 지금 당장 주머니에 돈이 없더라도 원하는 걸 언제든 사게 해 주는 마법을 부리기까지 합니다. 이런 '맛'에 길들다 보니 사람들이 소비 중독의 수렁에서 빠져나오는 건 쉬운 일이 아닙니다. 난 하찮은 사람이 아니라 소중한 사람이야. 난 힘없는 사람이 아니라 힘센 사람이야. 소비는 사람들에게 이런 기분을 쉽게 느끼게 해 줍니다.

　미국의 경제학자이자 사회학자인 소스타인 베블런은 '과시적 소비'라는 개념을 제시하면서 현대 소비 사회의 특성을 예리하게 해부했습니다. 과시적 소비란 물질적 필요를 충족시키기 위해서가 아니라 자신의 부나 사회적 지위를 남들에게 과시하려는 목적으로 소비하는 것을 일컫는 말입니다. 소비를 통해 부러움이나 존경의 대상이 되고 싶은 거지요. 아주 비싼 이른바 '명품'을 사는 것이 이것의 대표적 사례입니다.

그리하여 현대인은 이제 소비를 하면서 물질적 만족을 넘어 정신적인 만족과 자아실현의 충족감마저 맛봅니다. 소비를 많이 할수록 더 우월하고 특별한 사람이 되어간다고 느낍니다. 소비하라! 그리하면 왕이 되리라! 소비 사회가 끊임없이 속삭이는 목소리입니다. 수많은 사람이 이 감미로운 유혹에 넘어갑니다. '소비 왕국'은 이렇게 하루하루 자신의 영토를 넓혀 갑니다.

하지만, 소비가 사람에게 참된 행복과 자유를 안겨 줄 수 있을까요? 소비 사회에서 소비자는 그저 주어진 메뉴 안에서 뭔가를 수동적으로 선택할 수 있을 뿐입니다. 하지만 참된 자유는 메뉴의 항목과 내용을 내가 직접 결정하는 것입니다. 이런 맥락에서 보면, 소비 사회는 자유를 근원적으로 억누르거

나 왜곡하고 있다고 해야 할지도 모르겠습니다. 수많은 사람이 자유인이나 왕이 되기는커녕 외려 소비 욕망의 노예이자 포로로 전락하는 것이 지금 소비 사회에서 벌어지는 일이니까요.

물질 중심의 소비 사회는 정의나 민주주의보다 경제를 앞세우는 사회입니다. 아니, 경제가 곧 정의와 민주주의라고 여기는 사회입니다. 이런 데서 경제는 공적 이익이나 사회적 가치를 바탕으로 하지도, 목적으로 삼지도 않습니다. 자본주의 경제는 개인의 이익, 정확하게 말하자면 기업의 사적 이익 추구를 토대로 하는 경제입니다. 지금의 세상이 사람이 아닌 돈, 효율, 경쟁, 속도 따위를 떠받드는 이유가 여기에 있습니다. 매혹적인 소비 바이러스를 퍼뜨리고, 그럼으로써 물질에 혼도 넋도 다 빼앗긴 사람을 만들어 내는 것이 지금의 자본주의 소비 사회입니다.

## 참된 '인간의 길'

'가난한 이들의 성자'라 불리는 인도의 테레사 수녀는 빈민, 병자, 고아 등을 돌보는 삶에 평생을 바친 사람입니다. 그는 미국을 방문한 뒤 이렇게 말했습니다. "이 나라는 내가 평생 가본 나라 중에서 가장 가난한 나라다." 미국은 세계에서 가장 많은 자원과 에너지, 그리고 물건을 소비하는 나라입니다. 미국 인구는 세계 인구의 5퍼센트 정도입니다. 하지만 미국이 전 세계 자원 소비량에서 차지하는 비중은 30퍼센트에 이릅니다. 어마어마한 '소비와 낭비의 제국'이지요. 대량 생산, 대량 소비, 대량 폐기 시스템의 우두머리 국가가 바로 미국입니다. 역설적이게도 이런 나라를 테레사 수녀는 세상에서 가장 가난한 곳이라고 여겼습니다.

과잉 소유와 과잉 소비, 곧 지나치게 많이 가지고 많이 쓰는 것이 진짜로 뜻하는 바는 뭘까요? 혹시 너무 많은 물건을 가진 탓에 인생 자체가 그 물건들을 유지하고 돌보는 데 사로잡히는 게 아닐까요? 이렇게 되면 내가 소유하는 것이 거꾸로 나를 소유하게 되는 게 아닐까요? 내가 물건을 소비한다고 생각할지 모르지만, 사실은 물건이 나를 소비하는 게 아닐까요?

이제까지 한 얘기에서 잘 드러나듯이, 소비 사회와 성장 사회가 떠받드는 국내 총생산GDP 같은 것은 실제로는 별다른 의미가 없습니다. 앞에서도 말했듯이, GDP는 일정 기간 동안 한 나라 안에서 생산되어 사용되는 모든 생산물재화와 용역의 가치를 합산해서 시장 가격으로 평가한 것을 말합니다. 순전히 양적인 개념이어서 '어떻게 하면 삶의 질을 높일 수 있을까?', '어떻게 하면 좋은 삶'을 살 수 있을까?' 같은 중요한 질문에 답할 수 없습니다. GDP 같은 개념만 떠받들다가는 물질 외에도 다른 목표나 가치가 우리 삶에 있다는 생각을 놓치기 쉽습니다.

물질주의가 지배하는 곳에서는 상품의 화폐 가치만 중요할 뿐 어떤 물건의 실제 모습이나 그 물건에 얽힌 맥락과 사연 따위에는 관심이 없습니다. 어떤 물건이 어린아이들의 피눈물로 얼룩져 있든 말든, 수많은 사람을 죽이는 데 사용되든 말든, 자연 생태계를 폐허로 만든 것이든 말든, 그것을 취하는 사람에게 사적인 이익과 이윤을 많이 안겨 주기만 하면 그것이 최고지요.

이런 곳에서는 생명의 신비함이나 경이로움 같은 것을 기대하기 어렵습니다. 가격이 매겨진 것, 곧 화폐 가치로만 표현된 것에는 신성함이 깃들 수 없으니까요. 가격을 매길 수 없는 것에 가격을 매기는 것은 온당한 일이 아닙니다. 경제적 계산이나 화폐 가치를 들이댈 수 있고 또 들이대도 되는 영역에 한계가 있다는 걸 모르는 것은 커다란 오류이자 무지입니다. 지금의 소비 사회, 성장 사회가 저지르는 결정적인 잘못이 이것입니다.

사실, 화려한 물질적 풍요의 내면을 들여다보면 공허하고 지루한 생활, 의미와 가치가 증발한 삶이 똬리를 틀고 있을 때가 많습니다. 이것이 잘 드러나는 게 현대 공업의 핵심인 공장식 대량 생산 시스템입니다. 이 시스템은 효율과 생산성을 높이려고 분업을 중시합니다. 이에 맞추어 일하는 사람은 작업 라인에 늘어서서 자기에게 주어진 부분적이고 단편적인 노동만을 끝없이 되풀이합니다. 획일적이고 단순한 일의 반복이지요. 사람을 기계 부속품쯤으로 전락시키는 이런 일에서 노동의 기쁨이나 보람 같은 걸 느낄 수 있을까요? 내 생활이, 내 평생이 이런 일을 하는 데 바쳐진다면 거기서 참다운 삶의 활력이나 생기를 맛볼 수 있을까요?

누구나 알듯이 경제 성장이나 물질의 풍요는 그 자체로서 목적이 아닙니다. 인간의 행복과 더 좋은 삶을 위한 수단입니다. 만약에 이것이 뒤바뀐다면 '좋은 하인'이어야 할 돈이 '나쁜 주인'이 되는 셈이겠지요. 인간을 위한 도구가 목적의 자리에 올라서면 인간은 도구로 전락합니다. 중요한 것은 '질적인 구별'입니다. 좋은 것과 나쁜 것, 중요한 것과 하찮은 것, 고귀한 것과 저급한 것, 본질적인 것과 비본질적인 것을 구별할 줄 알아야 합니다.

고대 그리스 철학자 에피쿠로스는 이렇게 말했습니다. "적은 것에 만족하지 못하는 사람은 어느 것에도 만족하지 못한다." 그의 제자 루크레티우스 또한 이렇게 충고했습니다. "만약 네가 자신이 가지지 못한 것을 계속 욕망한다면 너는 자신이 가진 것을 멸시할 것이요, 네 삶은 충만함도 매력도 없이 흘러가 버릴 것이다."

참된 기쁨과 만족은 안에서 옵니다. 물질은 한도 끝도 없는 욕망을 채워 줄 수 없습니다. 마실수록 더 심한 갈증을 일으키는 것이 물질이 지닌 고약한 특성이지요. 무한히 넓어지고 깊어지고 높아질 수 있는 것은 정신과 마음입니다. 내면의 정신과 마음은 끝없이 열려 있기 때문입니다. 참된 평화가 깃들 곳은 여기입니다.

커질수록 좋은 것은 정신과 마음입니다. 물질이 아닙니다. 물질은 경제 성장이 그렇듯 '어느 정도까지만' 커지는 게 좋습니다. 정말 공들여 키워야 할 것은 삶의 의미와 가치입니다. 그러므로 이제 우리가 새롭게 터득해야 할 것은 부와 행복을 다르게 정의하는 능력입니다. 그 바탕 위에서 진정한 부와 행복의 원천을 새로이 찾아내야 합니다.

아무리 빨리 달려도 방향이 틀렸다면 그 달음박질이 소용이 있을까요? 아무리 높이 쌓아 올려도 바닥이 모래밭이라면 그 경제 성장이 의미가 있을까요? 아무리 많이 가졌어도 삶의 평화와 내면의 만족이 없다면 그 물질의 풍요가 행복을 안겨 줄 수 있을까요? 참된 '인간의 길'을 찾아가는 과정에서 우리가 끊임없이 되새겨야 할 질문들입니다.

## 생쥐의 민주주의, 고양이의 민주주의

　　　　　　마우스랜드Mouseland라는 나라가 있습니다. 이름 그대로 생쥐들이 모여 사는 나라지요. 이 나라에서 생쥐들은 우리 사람이 사는 세상처럼 몇 년에 한 번씩 선거를 통해 통치자를 뽑았습니다. 한데 그들이 뽑은 통치자는 매번 생쥐가 아니라 고양이였습니다. 나라가 엉망이 되고 삶이 고달파져도 여전히 생쥐들은 고양이만 뽑았습니다. 달라지는 것이라곤 고양이의 색깔뿐이었지요.

　고양이 색깔이 달라지면 법이 바뀌기도 했습니다. 이를테면 이런 식이었습니다. 검은 고양이 정부가 만든 법은 쥐구멍이 고양이 발이 충분히 들어가도록 커야 한다는 것이었습니다. 고통에 시달리던 생쥐들은 검은 고양이 대신 흰 고양이를 새 통치자로 뽑았습니다. 그런데 흰 고양이 정부는 둥근 쥐구멍을 네모난 쥐구멍으로 바꾸었습니다. 그 결과 쥐구멍이 두 배로 커지고 말았습니다. 생쥐들의 삶은 이전보다 훨씬 더 힘들어지고 위험해졌습니다. 다른 색깔의 고양이 정부로 아무리 바뀌어도 이런 일이 되풀이되는 건 마찬가지였습니다. 한마디로 고양이의 색깔 따위는 전혀 중요하지 않았던 거지요. 고양이 정부는 고양이들만 돌볼 뿐 생쥐는 안중에도 없었습니다.

그러던 어느 날이었습니다. 생쥐 한 마리가 홀연히 깨달았습니다. 통치자를 아무리 바꾸어봤자 그가 고양이인 한 실제로 바뀌는 건 없다는 사실을 말입니다. 그 생쥐는 용기를 내어 다른 생쥐들에게 이렇게 외쳤습니다. "우리도 이제 생쥐로 이루어진 정부를 만들자!" 그러자 어떤 일이 벌어졌을까요? 다른 생쥐들이 환영하고 동조했을까요? 아닙니다. 그 반대입니다. 다른 생쥐들은 도리어 그 생쥐를 '빨갱이'라고 몰아 감옥에 처넣고 말았습니다.

이 이야기는 캐나다 정치인 토미 더글러스가 1962년 캐나다 의회에서 연설하면서 소개한 우화입니다. 그가 이 이야기를 하면서 전하고 싶었던 메시지가 무엇인지는 쉽게 짐작할 수 있습니다. 선거로 권력을 바꾸어도 세상은 달라지는 게 없고 보통 사람들의 힘겨운 삶은 여전하다는 게 그것이지요. 수십 년 전에 소개된 이 이야기는 오늘날도 많은 사람 입에서 오르내립니다. 이유가 뭘까요?

이 책의 전체 주제는 '크다/작다'나 '많다/적다'와 관련된 이분법적 사고방식과 틀에 박힌 고정관념에서 벗어나자는 것입니다. 그런데 여기 3장에서는 제목이 일러 주듯이 민주주의를 다룹니다. '크다/작다'나 '많다/적다' 이분법과 민주주의 사이에 어떤 중요한 연관성이 있다는 얘기지요. 그게 뭘까요?

'크다/작다'나 '많다/적다'의 관점에서 살펴보면 민주주의에 대한 새로운 시각과 시야를 얻을 수 있습니다. 민주주의에 대한 이해가 더 넓어지고 깊어진다는 얘기지요. 예를 들어보겠습니다. 우리는 흔히 '다수의 지배'나 '다수결'을 민주주의의 기본 원리로 여깁니다. 더 많은 표를 얻은 사람이 국민의 대표자가 되어 나라를 이끌고, 더 많은 사람의 의견에 따라 의사 결정을 내리는 것을 당연한 민주주의의 원칙으로 받아들이곤 하지요. 그런데, 과연 그럴까요? 다시 말해, '많다/적다'에서 '많다' 쪽을 우선시하고 그것을 따르는 것이 민주주의의 본질일까요?

또 다른 보기입니다. 정기적으로 민주적인 선거를 치르고, 국민들이 그 선거에 참여해 직접 대통령을 비롯한 공직자를 뽑으면 우리는 대개 민주주의가 제대로 작동한다고 여깁니다. 이 또한, 과연 그럴까요? 공정한 선거, 자유로운 투표, 평화적이고 합법적인 정권 교체, 법치✤, 삼권 분립✤✤✤ 등이 이루어지면 민주주의는 충분히 '크다'거나 '많다'고 할 수 있을까요?

마우스랜드 이야기는 그렇지 않다고 일러 줍니다. 만약 이런 걸 민주주의라고 생각한다면 그것은 민주주의에 관한 착각이자 오해입니다. 민주주의에 대한 무지의 산물이기도 합니다. 물론 이런 것들이 민주주의의 중요한 요소라는 건 두말할 나위도 없습니다. 하지만 민주주의는 훨씬 더 깊고 넓습니다. 훨씬 더 다채롭고 복잡합니다. 아마도 마우스랜드에서 진정한 생쥐의 민주주의가 이루어지려면 만만찮은 세월과 노력이 필요할 것입니다.

사실, 민주주의라는 말이 어디서나 차고 넘치지만, 민주주의란 과연 뭔가에 대해 진지하게 생각하는 사람은 그리 많지 않습니다. 그저 막연하게 우리

---

✤ 법에 따른 다스림.

✤✤✤ 국가의 권력을 입법, 사법, 행정의 세 군데로 분리하여 서로 견제하게 함으로써 권력 남용을 막고 국민의 권리와 자유를 보장하고자 하는 국가 조직의 원리.

는 민주주의 사회에서 사는 것처럼 여길 때가 많지요. 하지만 사실은 그렇지 않습니다. 이제 우리는 우리를 둘러싸고 있는 민주주의를 새로운 시선으로 바라볼 필요가 있습니다.

## 민주주의는 왜 중요할까?

먼저 얘기할 것은 민주주의가 왜 중요한가 하는 점입니다. 이것을 알려면 정치가 왜 중요한지부터 정확하게 알 필요가 있습니다. 오늘날 많은 사람 사이에 정치에 대한 불신과 냉소가 널리 퍼져 있습니다. 하지만 정치란 우리 삶의 피할 수 없는 조건입니다. 사람이 살아가는 데 필요한 규칙이나 질서를 정하는 게 바로 정치라는 얘기지요.

예를 들어, 청소년이라면 대학 입시 제도가 언제 어떻게 바뀔지, 군대 복무 기간이 짧아질지 말지, '알바' 일을 하면 얼마나 받을 수 있을지, 고등학교나 대학 졸업 뒤 취직은 제대로 할 수 있을지 등과 같은 문제에 큰 관심을 가질 것입니다. 이 모든 것을 결정하는 게 정치입니다. 대통령과 국회의원과 시장 등을 누구로 뽑느냐, 어느 정당과 어떤 정치 세력이 집권하느냐에 따라 결정 내용이 달라지기도 하지요. 학생들의 학교생활에 관련된 여러 일은 어떤 사람을 교육감으로 뽑느냐에 따라 달라질 테고요. 정치는 한평생 내내 우리 일상

생활과 삶 전반에 깊숙이 들어와 속속들이 영향을 미칩니다. 그 누구도 정치에서 벗어날 수 없습니다.

그럼, 정치와 민주주의는 어떤 관계를 맺고 있을까요? 이 둘은 떼려야 뗄 수 없는 동전의 앞뒷면 같은 아주 밀접한 관계를 맺고 있습니다. 오늘날 정치의 살과 뼈와 피를 이루는 것이 민주주의입니다. 정치의 내용을 채우고 정치의 방식과 형태를 결정하는 게 민주주의입니다.

예를 들어 볼까요? 언제 어디서나 정치에서 가장 중요한 것은 '권력'입니다. 권력이란 '어떤 사회관계에서 남을 복종시키거나 지배할 수 있는 공인된 권리와 힘'을 뜻합니다. 특히 여러 권력 가운데서도 정치 권력은 국가나 정부가 국민에 대해 행사할 수 있는 강제력을 가리키지요. 그래서 정치 권력은 아주 강력한 힘을 발휘합니다. 특히 여기에는 군대나 경찰 같은 엄청난 물리력은 물론 모든 이에게 강제로 적용되는 법을 집

행하는 권한까지 포함됩니다. 실로 그 힘이 아주 막강하지요.

자, 그러니 이런 정치 권력을 한 줌도 안 되는 왕족들이 단지 핏줄에 따라 자기들끼리 대대로 이어받는다면 어떻게 될까요? 이런 정치 권력을 특정 개인이나 극소수 집단이 오랫동안 움켜쥐고 휘두르면서 국민을 짓밟고 괴롭힌다면 어떻게 될까요? 이런 정치 권력을 통치자가 자신의 사적인 이익과 욕심을 채우는 데 사용한다면 어떻게 될까요? 동서고금의 숱한 사례에서 보듯이 사회 공동체가 무너지고 수많은 사람이 커다란 고통에 시달리게 되리라는 건 불을 보듯 빤한 일입니다.

앞에서 잠깐 언급했듯이, 우리나라에서는 지난 2017년 봄 역사상 처음으로 현직 대통령이 임기가 끝나기도 전에 탄핵을 당해 권좌에서 쫓겨나는 일이 벌어졌습니다. 결국은 구속되어 감옥에 갇히고 말았지요. 박근혜라는 이름의 그 사람은 나라와 국민을 위해 봉사하라고 준 공적 권력을 철저히 사적인 목적과 용도로 사용했습니다. 대통령으로서 해야 할 일은 내팽개친 채 자신과 자기 주변 사람 챙기는 일에 몰두했지요. 법과 제도로 갖추어져 있는 국정 운영 시스템은 헌신짝처럼 내버렸습니다. 대신에 아무런 공적인 직책도 검증된 능력도 없이 어둠 속에 묻혀 있는 사적인 개인과 짝짜꿍이 되어 나랏일을 처리했습니다. 한마디로 헌법과 법률을 파괴하고 나라의 기본 틀을 무너뜨린 커다란 범죄를 저지른 거지요.

우리 시민들은 이처럼 부패와 타락, 무능과 무책임으로 얼룩진 대통령을 그냥 내버려 두지 않았습니다. 연인원 1,700만 명에 이르는 시민이 광장과 거리로 쏟아져 나와 몇 달 동안이나 쉼 없이 촛불 집회를 열었습니다. 온 세계가 깜짝 놀란 현직 대통령 탄핵과 구속은, 이처럼 민주주의를 열망하는 수많은 시민이 일구어 낸 위대한 민주주의의 승리였습니다.

　국민의 지지와 동의를 받는 정당한 권력을 만들어 내는 것. 권력이 부패하고 타락하여 나라와 국민 삶을 망가뜨린다면 그 권력과 맞서 싸우고 새로운 권력을 창출하는 것. 그럼으로써 내가, 우리가, 곧 국민 모두가 나라와 권력의 주인으로 당당하게 서는 것. 이런 일을 해내는 것이 민주주의입니다.

　이렇게도 한번 생각해 볼까요? 노예로 살고 싶은 사람은 아무도 없을 것입니다. 누구는 단지 천민의 자식으로 태어났다는 이유 하나만으로 평생 노예나 머슴으로 살고, 누구는 단지 왕이나 귀족의 자식으로 태어났다는 이유 하나만으로 평생 권력과 부를 누리며 사는 것을 옳다고 여기는 사람 또한 없을 것입니다. 왕족이나 귀족처럼 살기를 원하는 극소수 기득권 집단이나 상층 특권 계급 사람들을 뺀다면 말입니다.

　이런 신분 질서가 지배하는 세상이 막을 내린 건 언제일까요? 나라와 지역에 따라 다르긴 하지만 짧게는 100년, 길어 봐야 200년이 좀 넘었을 뿐입니다. 현대 민주주의의 신호탄을 쏘아 올린 것으로 평가되는 프랑스 혁명이 일어난 게 1789년입니다. 이 혁명의 고갱이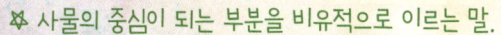는 봉건 신분 제도를 깨부순 것입니다. 신분 제도의 최고 상징인 국왕을 민중의 손으로 처형한 것이 그 대표적인 장면이지요.

------

❀ 사물의 중심이 되는 부분을 비유적으로 이르는 말.

옛날 봉건 시대에 혈통에 따른 신분 제도는 모든 사람의 삶을 가장 강력하고도 원천적으로 규정했습니다. 또한, 대다수 사람이 그것을 당연하다고 여겼습니다. 그러니 그것을 없앤 것이 민주주의라는 것은 이 세상의 가장 중요한 질서와 관념을 뒤바꾼 것이 민주주의라는 말과 다르지 않습니다. 인류 역사를 민주주의를 향한 끝없는 여정이라고 일컫는 까닭이 여기에 있습니다. 민주주의가 가장 소중히 여기는 자유와 평등의 가치를 확장하려는 투쟁의 과정이 곧 인류 역사의 알짬❋이라는 얘기지요.

물론 학문과 지식, 과학 기술, 문화 예술, 경제적 생산력의 발달 등도 인류가 이룩한 눈부신 성취임이 틀림없습니다. 하지만 이것들에 견주어 민주주의에 더욱 각별한 의미를 부여하는 이유는 뭘까요? 그것은 억압과 차별의 쇠사슬에 묶여 비참한 노예로 살던 대다수 민중이 권력과 부를 독차지한 극소수 지배 세력과 맞서 싸워 얻어 낸 것이 민주주의이기 때문입니다. 그리하여 내가 이 세계와 내 삶의 주인임을 온 세상과 자신에게 선포한, 참된 '인간 독립 선언'이 민주주의이기 때문입니다.

민주주의 없이는 우리는 온전한 삶을 살 수 없습니다. 자기 삶의 주체로 바로 설 수 없습니다. 민주주의 없이는 노예로 살아갈 수밖에 없는 것이 인간이라는 존재의 운명입니다. 민주주의가 중요한 가장 근본적인 이유가 여기에 있습니다.

---

❋ 여럿 가운데 가장 중요한 내용.

## '다수의 지배'가 민주주의라고?

정작 중요한 얘기는 이제부터입니다. 이렇게 중요한 민주주의가 현실에서는 어떻게 작동할까요? 바로 이 대목에서 반드시 짚어 봐야 할 것이 좀 전에도 언급한 '다수의 지배'에 관한 이야기입니다. 민주주의의 본질을 이해하려면 반드시 검토하고 넘어가야 할 중요한 주제이지요.

먼저 한번 물어보겠습니다. 숫자라는 잣대에 따른 다수결주의가 민주주의일까요? 달리 말하면 숫자가 억압이나 차별의 근거가 될 수 있을까요? 어떤 결정이나 권력의 지배가 다수결 원칙에 따라야 한다는 건 두말할 나위도 없이 일리가 있는 얘깁니다. 다수의 의사가 정당성과 권위를 갖는다는 건 상식이지요. 하지만 우리는 이런 의문을 제기할 수 있습니다.

많은 사람의 의견이라고 해서 그게 꼭 옳은 걸까? 어떤 의견에 찬성하는 사람의 수가 많다고 해서 그 의견이 자동으로 옳은 것 또는 좋은 것이 되는 걸까? 만약에 '수의 많고 적음'으로 모든 걸 결정하는 것을 민주주의라고 한다면 그것은 그 사회를 지배하는 주류 관념, 주류 시스템, 주류 이해관계를 넘어설 수 있을까? 이런 게 민주주의라면 늘 다수가 지배하는 기존 체제나 기득권 질서를 옹호하는 결과를 낳게 되지 않을까?

또 한 가지 따져 볼 것은, 다수냐 소수냐 하는 것도 사실은 단순히 '수의 많고 적음'이 아니라 '누가 얼마나 큰 힘과 권력을 가지고 있느냐'에 따라 결정될 때가 많다는 점입니다. 예를 들어보겠습니다. 서구의 경우 전통적으로 백인, 남성, 기독교도, 중산층 이상의 사람들이 한 사회의 지배 계급 또는 주류 세력을 형성했습니다. 이 기준에 속하는 사람들이 설령 수로는 다수가 아니라 해도 그 사회를 실질적으로 지배하고 움직였습니다. 이들은 권력을 장악하고 있을 뿐만 아니라 그 권력을 이용해 자신들에게 유리한 사회 질서와 구조를 끊임없이 만들어 냅니다. 또한, 자신들의 통치에 도움이 되는 관념, 사상, 문화 등도 계속 만들어 내 사회 전체로 확산시키고 사람들에게 주입합니다. 힘과 권력을 쥔 주류 지배 세력은 이런 식으로 다수를 형성하고 유지합니다. 이런 맥락에서 다수냐 소수냐 하는 것은 '양적'인 개념을 바탕으로 하되 그것을 넘어서는 '질적'인 개념이기도 합니다.

비정규직 노동자도 마찬가지입니다. 수적으로는 다수지만 사회적 힘의 관계에서는 소수자이자 약자인 것이 현실이지요. 인종 차별로 악명이 높았던 옛날 남아프리카 공화국도 그러합니다. 전체 인구의 80퍼센트에 이르는 압도적 다수가 흑인이었지만 이들은 소수에 불과했으며, 백인 지배 계급의 혹독한 압제와 차별에 시달려야만 했습니다. 이 모두 '양적'으로는 다수이되 '질적'으로는 다수를 이루지 못하는 사람들의 처지를 잘 보여 줍니다.

이런 사실에서 볼 수 있듯이 다수가 권력을 만들어 내기도 하지만 거꾸로 권력이 다수를 만들어 내기도 합니다. 얼핏 겉으로는 '숫자'가 다수냐 소수냐를 판가름하는 유일한 잣대인 것처럼 보입니다. 하지만 실질적인 기준은 권력일 때가 많습니다. 이런 경우 다수의 지배는 민주주의이기는커녕 다수의 독재나 횡포로 변질되기 쉽습니다.

숫자로서의 다수에는 이런 함정이 숨어 있습니다. 이런 현실에 맞서는 것이 민주주의입니다. 민주주의는 무작정 다수의 지배를 받아들이지 않습니다. 민주주의는 오히려 소수자와 약자를 대표하고 대변하는 데서 자신의 온전한 빛을 내뿜을 때가 많습니다.

그럼, 소수자나 약자라고 할 수 있는 사람들은 누구일까요? 가부장제 권력 체제와 남성 중심 문화 아래서 억압과 차별을 강요받아 온 여성. 형편없는 대우, 불안정한 신분, 사회적 냉대 등에 시달리는 비정규직 노동자. 농업과 농촌이 무너지는 현실에서도 땅을 떠나지 못하는 농민. 국가와 자본이 주도하는 재개발 사업 등으로 툭하면 삶터에서 쫓겨나는 도시 빈민. 능력과 의지를 갖

추었음에도 일자리를 구하지 못해 고통 받는 젊은이……. 바로 이런 사람들, 곧 강자 중심으로 돌아가는 세상에서 소외되고 배제되는 사람들이 우리 시대의 약자와 소수자입니다.

또한, 이런 측면에서 보자면 장애인, 노인, 어린이, 청소년, 외국인 노동자, 외국인 결혼 이주 여성, 성 소수자❋, 난민 등도 당연히 약자와 소수자에 속하겠지요. 이들과 같은 다양한 정치적, 사회 경제적, 문화적, 생물학적 약자들이 자신의 자리와 자기 몫의 권리를 주장하고 나설 때 민주주의는 시작됩니다.

대개 한 사회를 쥐락펴락하는 주류 집단일수록 소수자와 약자들을 뭔가 비정상적이고 열등한 사람, 잠재적으로 위험하거나 불순한 집단으로 여기는 경향이 있습니다. 자기들이 쌓아 놓은 기득권 체제에 위협이나 걸림돌이 되리라고 판단해서지요. 하지만 세상의 거의 모든 변화는 소수자나 약자들이 기존의 주류 질서와 가치에 의문을 던지고 이것을 행동으로 옮기는 데서 시작되었습니다. 예를 들면 자본주의 사회에서 약자인 노동자들이 노동 운동으로 자신의 존재를 드러내고 권익을 주장한다든가, 오랜 세월 억압과 착취와 차별의 굴레에 갇혀 고통 받던 여성과 흑인 들이 자기 목소리를 내면서 민주주의는 결정적인 발전을 이루어 낼 수 있었지요.

이처럼 소수자나 약자들은 민주주의에 새로운 바람과 숨결을 불어넣을 뿐만 아니라 현실을 바꿀 힘을 지니고 있습니다. 그러므로 민주주의가 고개 숙여 고마워해야 할 대상은 다수자나 강자가 아닙니다. 약자와 소수자입니다.

❋ 동성애자를 비롯해 성적 지향이나 성 정체성이 사회적으로 소수인 사람들.

연구자들에 따르면, '다수의 지배'가 정당성을 갖추려면 두 가지 전제조건이 충족되어야 합니다. 선거를 예로 들어 보지요. 첫째, 이른바 '게임의 규칙'이 공정해야 합니다. 그러니까, 이번 선거에서는 내가 소수지만 다음 선거에서는 내가 다수가 될 가능성이 구조적으로 열려 있어야 한다는 얘깁니다. 둘째, 내가 소수라 하더라도 다수가 내 권리를 보호하기 위해 애써 줄 것이라는 사회적 믿음이 있어야 합니다. 다수와 소수 사이에 이런 신뢰나 연대가 없다면, 다시 말해 소수를 존중하거나 배려할 줄 모르고 일방적으로 패배나 복종을 강요하는 분위기가 지배적이라면, 이런 사회를 민주적이고 정상적이라고 하기는 어렵겠지요.

프랑스 철학자 자크 랑시에르의 통찰에 따르면 정치란 이런 것입니다. 몫이 없는 자가 자기 몫을 요구하는 것. 권리 없는 자가 자기 권리를 요구하는 것. 말할 자격이나 권리가 없는 자가 말하는 것. 보이지 않는 자를 보이게 만드는 것. 들리지 않는 목소리를 들리게 하는 것. 셀 가치가 없다고 여겨지는 것을 세는 것. 이런 것이 민주주의입니다. 다수가 소수보다 우위라는 근거는 없습니다. 가장 큰 자와 가장 작은 자의 말을 동등하게 경청하는 것이 민주주의입니다.

다수결이나 다수의 지배가 민주주의를 실행하는 중요한 원리 가운데 하나라는 건 분명한 사실입니다. 하지만 이것을 내세우는 민주주의가 다수와 소수를 나누어 소수에 대한 다수의 억압이나 차별을 합리화해서는 안 됩니다. 그런 불공정한 권력 질서와 불평등한 사회관계를 바로잡자는 것이 민주주의의 본래 정신이지요. 다수의 지배를 당연한 상식으로 받아들이기보다는 다수와 소수 사이의 이런 역설적인 관계를 주목하는 것이 민주주의를 제대로 이해하는 길입니다.

## 구경꾼 민주주의는 가라

민주주의를 둘러싼 또 하나의 커다란 환상은 대의 민주주의에 관한 것입니다. 오늘날 민주주의의 지배적인 형태는 대의 민주주의입니다. 대의 민주주의란, 선거로 대통령, 국회의원, 시장 등과 같은 대표를 선출하고 이들이 국민을 대신해 정치와 공적인 의사 결정, 국가 운영 등을 해나가는 간접 민주주의를 일컫지요.

우리 대부분은 이 선거 중심 대의 민주주의에 깊이 길들어 있습니다. 그래서 민주주의와 대의 민주주의를 똑같은 것으로 여기거나, 대의 민주주의 말고는 다른 민주주의는 없는 것처럼 생각하는 사람이 적지 않습니다. 설사 다른 형태나 방식의 민주주의가 있다 하더라도 그것은 실현 불가능한 이상에 지나지 않는다고 생각하곤 하지요. 하지만 대의 민주주의는 민주주의의 한 종류이자 갈래일 뿐입니다. 민주주의의 전부가 아니라 한 부분에 지나지 않습니다.

이 대의 민주주의를 올바로 이해하기 위해 먼저 살펴볼 것은 대의 민주주의를 합리화하고 옹호하는 견해들입니다. 핵심은, 시간적·공간적인 제약 탓에 국민이 직접 참여하는 직접 민주주의를 실천할 수 없으므로 대의 민주주의를 받아들일 수밖에 없다는 주장입니다. 그러니까, 사회가 거대해지고 복잡해지면서 모든 사람이 한곳에 모여 뭔가를 직접 논의하고 결정하는 것은 불가능해졌기 때문에 좋든 싫든 대의 민주주의를 선택할 수밖에 없다는 얘기지요.

전문가나 엘리트의 능력과 역할을 높이 평가하면서 대의 민주주의가 필요하다고 주장하는 사람들도 있습니다. 이것은 앞 주장의 연장선이기도 합니다. 이에 따르면, 거대하고 복잡한 현대 사회는 전문적인 지식과 역량을 갖춘 소수의 사람만이 제대로 관리하고 운영할 수 있다고 강조합니다. 특별한 자격을 갖춘 소수 엘리트가 다수의 보통 사람을 대신해 정치와 통치를 떠맡아야 세상이 제대로 굴러갈 수 있다는 거지요.

이런 주장은 맞는 걸까요, 틀린 걸까요? 판단하기가 쉽지 않은 문제인데, 답변의 실마리는 결국 대의 민주주의가 처한 구체적인 현실에서 찾는 게 현명할 듯합니다.

오늘날 많은 사람이 지적하는 대의 민주주의의 가장 큰 문제점은 한 가지로 모입니다. 대의 민주주의 아래에서는 시민이 민주주의나 정치의 주체가 아니라 '구경꾼' 신세로 전락할 수밖에 없다는 점이 그것입니다. 이른바 '구경꾼 민주주의' 또는 '관객 민주주의'의 문제지요. 우리 현실을 한번 돌아볼까요? 시민 대다수는 몇 년 만에 한 번씩 돌아오는 선거에서 맘에 든다고 여겨지는 후보자에게 한 표 던지는 게 정치 참여의 전부일 때가 많습니다. 더구나 그 후보자들마저도 시민의 뜻과는 관계없이 이미 기존의 거대 정당들이 자신들의 방식과 절차에 따라 정해 둔 사람들이기 마련입니다. 대의 민주주의 아래서 선거가 시민의 정치 축제가 아니라 극소수 정치 엘리트의 경쟁 무대로 전락하는 이유가 여기에 있습니다. 이는 결과적으로 소수 엘리트의 지배 체제를 정당한 것으로 만들어 주는 구실을 하게 됩니다.

18세기 프랑스의 계몽주의 철학자 루소는 대의 민주주의의 이런 허점을 신

랄하게 지적했습니다. "국민은 자기들이 자유롭다고 여기지만 이는 매우 잘못된 생각이다. 국민이 자유로울 수 있는 것은 선거 때뿐이다. 선거에서 일단 의원이 뽑히고 나면 그 즉시 국민은 노예가 되어 버린다."

결국, 대의 민주주의 시스템에서 권력의 주인이어야 할 시민은 선거 때만 반짝 주권자 시늉을 할 뿐 평소에는 통치 대상에 지나지 않습니다. 그러니 일반 시민과 정치 엘리트 사이의 거리는 갈수록 멀어집니다. 민주주의의 주체인 일반 시민과 동떨어진 민주주의가 제대로 된 민주주의가 아니란 건 두말할 나위도 없겠지요. 대의 민주주의의 가장 큰 한계이자 결점이 이것입니다.

다음으로, 이런 질문도 던질 수 있습니다. 다수 대중을 대표한다는 소수 엘리트가 일반 시민보다 우수하고 우월하다는 근거가 있는가? 그 기준이 지적인 재능이든 도덕적이고 윤리적인 자질이든 삶의 경험과 지혜든 상관없이 말입니다.

우리가 현실에서 자주 보고 접하는 엘리트들은 어떤가요? 물론 모두가 그렇지는 않지만, 엘리트는 대개 일단 뭔가로 선출되거나 권력을 쥐게 되면 시민을 섬기기보다는 시민 위에서 군림할 때가 많습니다. 공적인 권력과 지위를 사적인 욕심을 채우는 데 악용하기도 합니다. 정치인을 비롯한 공직자 세계에서 부정부패와 비리 사건이 자주 일어나는 건 이 때문입니다. 갖가지 특권과 특혜를 당연한 것처럼 누리며 사는 엘리트도 적지 않습니다. 권력의 달콤한 '맛'에 중독된 사람들, 자기들만이 특별히 잘났고 우월하다는 식의 어쭙잖은 엘리트 의식에 빠진 사람들도 어렵잖게 찾아볼 수 있고요. 무능하고 무책임한 사람도 많고, 국민을 위해 일하는 게 아니라 오직 '윗사람'만을 바라보며 사는 사람도 많습니다. 엘리트 사회에서 아부, 기회주의, 무사안일주의, 기계적이고 형식적인 일처리, 남에게 책임 떠넘기기 등이 기승을 부리는 배경이지요.

엘리트와 전문가는 필요합니다. 훌륭한 엘리트와 전문가도 많습니다. 하지만 이들을 맹신하거나 이들에게 지나치게 의존하는 '엘리트주의'와 '전문가주의'는 경계해야 합니다. 뒤에서 다시 강조하겠지만, 소수의 특정 집단이 한 사회의 의사 결정을 독점하거나 주도하는 것은 민주주의를 근원적으로 망가뜨리는 일입니다. 그래서입니다. 오늘날 엘리트나 전문가에 대한 불신이 높아지는 것은 비단 우리 사회만이 아니라 세계 곳곳에서 공통적으로 나타나는 현상입니다.

선거에 참여하지 않거나 정치에 무관심한 사람이 늘어나는 것도 사실은 이런 현실의 반영이라고 할 수 있습니다. 오늘날 많은 사람이 지금의 대의 민주주의가 과연 진짜 민주주의일까 하는 의구심을 품고 있습니다. 변화를 바라는 간절한 열망이 있어도 이것을 선거로는 제대로 이루기 힘들다는 사실을 깨닫는 사람이 늘어나고 있습니다.

그래서 나온 것이 '소비자 민주주의'라는 말입니다. 민주주의의 본래 정신을 훼손하는 대의 민주주의의 한계 탓에 민주주의가 마치 시장에서 물건을 선택하는 쇼핑 비슷한 것으로 바뀌고 있는 현실을 비꼬는 말이지요. 쉽게 얘기하자면, 시민이 할 수 있는 일이라는 게 기껏해야 정치라는 시장에서 서로 경쟁하는 엘리트들 가운데 누가 자기를 지배할 것인지를 선택하는 것과 그리 다르지 않다는 겁니다.

그렇습니다. 시민 참여의 부재. 정치에 대한 무관심과 불신의 증대. 오늘날 대의 민주주의가 처한 위기를 가장 뚜렷이 보여 주는 현상이 이것입니다.

능동적으로 참여하고 행동하는 게 아니라 수동적으로 몇 년에 한 번씩 투표나 하는 무기력한 시민. 내가 원하는 정치나 정책을 스스로 '생산'하는 게 아니라, 맘에 들든 안 들든 가게에 진열된 정치나 정책 상품들을 살 수밖에 없는 소비자 시민. 엘리트가 주도하는 기성 정당과 정치인, 관료, 언론, 이익집단 등에 제 목소리를 빼앗긴 소외된 시민. 이것이 오늘날 민주주의 사회라 불리는 곳에서 살아가는 대다수 시민의 실제 모습입니다.

## 선거를 얼마나 믿어야 할까?

그래서 우리는 대의 민주주의를 떠받치는 기둥인 선거에 대해서도 이런 의문을 품게 됩니다. 선거는 과연 유권자의 정치적 권리를 보장하는 온전한 민주적 제도일까? 선거에서 유권자가 행사하는 투표라는 자유 행위의 실체란 무엇일까?

자, 직접 선거에 참여해 어떤 정당이나 정치인에게 투표하는 장면을 한번 상상해 보지요. 이때 우리는 주어진 선택지 이외의 답을 고를 수 있나요? 유감스럽게도 우리에게 그런 자유는 허락되지 않습니다. 투표용지에 적혀 있는 기존 정당이나 정치인을 찍을 수밖에 없는 것이 지금의 선거 시스템이요, 대의 민주주의입니다. 그래서 정말로 맘에 안 드는 정당이나 정치인을 표로 '심판'하려면 흔쾌히 지지하지도 않는 다른 정당이나 정치인에게 표를 던질 때도 많습니다.

　선거가 '주관식 시험'이 아니라 '객관식 시험'이라는 비유가 설득력이 있는 것도 이런 이유에서입니다. 주어진 답 안에서만 정답을 찾아야 하는 게 지금의 선거라는 얘기지요. 그러니 민주주의를 풍요롭게 살찌울 다양한 정치적 상상력과 가능성이 큰 제약을 받게 됩니다. 선거가 안고 있는 이런 한계를 알고 나면 대의 민주주의의 본질에 대해서도 다시금 근본적인 질문을 던지게 됩니다. 지금의 대의 민주주의가 대표하는 것은 과연 무엇인가? 만약 대표한다면 제대로 대표하고는 있는가?

　예를 들어 대표적인 대의 기구로 꼽히는 의회, 곧 국회를 한번 살펴보겠습니다. 잘 알다시피 국회의원 대다수는 부자나 유명 인사들입니다. 특히 법조인✤, 교수, 고위 관료, 언론인, 시민단체 간부 등과 같은 이른바 전문직 종사자들이 많지요. 우리 주변에서 흔히 만날 수 있는, 그래서 우리의 '자화상'이라고 할 수 있는 평범한 서민들, 이를테면 공장 노동자, 농민, 월급쟁이 회사원, 중소 자영업자, 가게 종업원 등과 같은 사람들이 국회의원이 되는 경우가 얼마나 될까요?

　선거 중심 대의 민주주의가 민주주의 구실을 온전히 하려면 수많은 계층과 집단을 대표할 수 있어야 합니다. 동시에 이들의 다양한 이해관계와 요구를 대변할 수 있어야 합니다. 계급, 성별, 나이세대, 지역, 재산, 학력, 직업, 인종, 종교 등 여러 측면에서 다양성이 보장돼야 한다는 얘기지요. 사회와 국

---

✤ 판사, 검사, 변호사 등.

민 전체를 빠짐없이, 공정하게, 골고루 반영하는 대의 기구가 갖추어져야 대의 민주주의는 제대로 작동할 수 있습니다. 하지만 현실은 그렇지 않습니다.

'선거하다, 선출하다'를 뜻하는 영어 단어 '일렉트elect'와 '뛰어나고 구별된 소수 정예'를 가리키는 '엘리트elite'라는 말의 어원이 같다는 사실은 우연의 일치가 아닙니다. 여기서도 엿볼 수 있듯이, 또한 방금 지적했듯이, 선거로 선출된 엘리트 대표들은 그들을 뽑아 준 유권자들과는 뚜렷이 구분되며 또 마땅히 그래야만 하는 우월하고 특별한 사람들이라는 생각이 선거 중심 대의 민주주의의 바탕에는 깔렸습니다. 그래서 대의 민주주의 시스템 아래서 선거로 기존 사회 질서를 근본적으로 바꾸거나 전면적인 사회 혁신을 이루어 내기는 대단히 어렵습니다. 일찍이 미국 작가 마크 트웨인이 이렇게 풍자했을 정도지요. "선거로 정말 사회가 바뀔 수 있다면 선거는 벌써 불법화됐을 것이다."

대의 민주주의를 지탱하는 또 하나의 중요한 기둥인 정당도 그리 다르지 않습니다. 점점 달라지고 있기는 하지만, 특히 우리나라의 정당 생태계는 아주 기형적입니다. 이를테면 사회 구성원 다수가 노동자임에도 노동자 계급을 제대로 대변하는 정당이 없습니다. 이념적 갈래의 두 축인 보수와 진보 가운데 진보 이념을 온전히 구현하는 정당도 없습니다. 물론 노동자 계급의 입장과 진보 이념을 표방하는 정당이 존재하긴 합니다. 하지만 너무 작고 약한 정당들이어서 정치적 영향력이나 존재감이 미약합니다. 실제로는 보수 정당임에도 은근슬쩍 진보 시늉을 하여서 사람들을 헷갈리게 할 때도 종종 있고요.

그 결과 '대의 민주주의의 꽃'이라 불리기도 하는 의회가 국민 전체의 대표 기관이라기보다는 돈 많고 힘센 소수 집단의 이해를 대변하는 쪽으로 크게 기울어져 있다는 비판의 목소리가 높습니다. 사회 전체의 공적인 이익보다 정치인 자신과 소속 정당의 사적이고 정파적인 이익을 추구하는 데 빠져 있다는 질타도 만만찮지요. 미국만 보아도 의회가 소수의 대기업, 금융 자본, 막강한 자금력을 갖춘 이익 집단 등의 로비에 휘둘릴 때가 많습니다. 선거 운동에 쏟아붓는 천문학적인 자금 또한 대부분 이들한테서 나옵니다. 그래서 미국은 사람이 아닌 돈이 정치를 주물럭거리는 이른바 '금권 정치'의 민낯이 가장 날 것으로 드러나는 나라로 손꼽히곤 합니다.

그렇다면 선거는 아무짝에도 쓸모없고 기대할 거라곤 전혀 없는 걸까요? 그건 아닙니다. 민주주의의 역사를 들여다보면 자유롭고도 평등한 선거권 확대가 피눈물 나는 민주주의 투쟁의 산물이라는 것을 잘 알 수 있습니다. 선거는 민주주의 발전에 소중한 원동력이자 커다란 자극제 구실을 했습니다.

오늘날 현실에서도 선거는 때때로 중대한 의미를 지닙니다. 커다란 힘을 발휘할 때도 있습니다. 물론 기득권 정치 세력은 선거를 통해 국민을 관리하고 통제하면서 기존 질서와 체제를 유지하려고 합니다. 그렇지만 선거는 시민들이 원하는 정책이나 법을 만들고 그것을 실행하도록 압력을 가하는 중요한 제도의 하나입니다. 정치 엘리트와 국민이 서로 영향을 주고받고 소통할 수 있는 쌍방향 통로라고나 할까요?

선거는 또한 한 사회가 어떤 상황에 놓여 있는지, 어떤 미래를 열어갈지 등과 같은 중요한 문제를 둘러싸고 격렬한 논쟁과 정치적 힘겨루기가 펼쳐지는 공간이기도 합니다. 그럼으로써 그 사회에 새로운 역동성과 활력을 불어넣습니다. 선거를 통해 권력자와 정치인을 갈아치우기도 하고 정권 교체를 이루기도 합니다. 때로는 선거가 역사의 물줄기를 바꾸는 사회 변혁의 결정적인 기폭제가 되기도 하고요.

요컨대, 선거의 한계와 맹점을 직시하고 선거를 넘어서는 새로운 민주주의를 꿈꾸더라도, 책임감 있는 민주시민이라면 우선은 선거에 적극적으로 참여하는 자세가 필요합니다. 아울러, 선거가 안고 있는 여러 문제를 개선하고 해결할 수 있는 '좋은' 선거 제도를 마련하는 것이 아주 중요한 일이라는 얘기도 꼭 덧붙여 둬야겠네요.

소수의 정치 엘리트가 자신들이 가진 권력의 정당성과 정통성을 확보하는 수단. 그 권력을 재생산하고 강화하는 데 활용하는 도구. 대의 민주주의를 비판하는 사람들은 이것이 선거의 본질이라고 주장합니다. 이런 지적이 조금 과격하게 들릴지 모르겠습니다. 하지만 대의 민주주의의 뼈대를 이루는 선거의 민주주의적 정당성과 정치적 효능이 크게 훼손되고 있다는 건 부인하기 어려

운 사실입니다.

　대표해야 할 것을 대표하지 못하고 대변해야 할 것을 대변하지 못하는 민주주의. 권력의 주인이자 정치 주체인 시민 대중을 구경꾼과 소비자로 전락시키는 민주주의. 소수 엘리트 중심의 권력 시스템과 지배 구조를 합리화하고 영구화하는 민주주의. 지금의 대의 민주주의에 쏟아지는 핵심적인 비판들입니다. 이런 비판들에 귀를 기울이면서 민주주의의 끊임없는 진화와 갱신을 이루는 것이 우리가 해야 할 일입니다.

## 자유 민주주의에 '자유'가 없다?

　민주주의 이야기에서 빠뜨릴 수 없는 것이 자유 민주주의입니다. 자유 민주주의는 개인의 인격과 존엄성을 중시하는 자유주의에 입각한 민주주의 사상을 말합니다. 대의 민주주의와 함께 현대 민주주의의 양대 산맥을 이루는 것이 자유 민주주의입니다. 대의 민주주의가 민주주의의 형태 또는 방식과 관련된 것이라면 자유 민주주의는 민주주의의 이념 또는 사상과 연관된 것이라고 할 수 있습니다. 그런 만큼 이 둘은 서로 긴밀히 결합해 있습니다. 대의 민주주의와 자유 민주주의가 형식과 내용을 아우르는 하나의 틀로 엮이면서 현대의 주류 민주주의가 만들어졌지요.

평소에도 우리는 자유 민주주의라는 말을 참 많이 듣습니다. 그 탓인지 대의 민주주의가 그러한 것처럼 민주주의란 곧 자유 민주주의라고 생각하는 사람이 많습니다. 하지만 이 또한, 대의 민주주의가 그러한 것처럼 커다란 착각이자 오해입니다.

자유 민주주의란 뭘까요? 자유 민주주의는 현대 민주주의의 시발점인 1789년 프랑스 혁명을 비롯해 근대 민주주의 시민 혁명이 불꽃처럼 타오르던 시절부터 싹텄습니다. 시민 혁명이 일어나기 전에는 왕이 절대적인 1인 권력자였습니다. 권력의 최고 꼭짓점인 국왕을 중심으로 극소수의 왕족과 귀족들이 절대다수 백성 위에 군림했습니다. 모든 사람의 계급과 신분은 핏줄에 따라 세습되었습니다. 이런 봉건 질서를 깨뜨린 것이 민주주의 시민 혁명입니다.

혁명의 주역은 두말할 필요도 없이 낡은 봉건 체제 아래서 극심하게 억압받고 착취당하던 풀뿌리 민중이었습니다. 하지만 혁명을 앞장서 이끈 것은 당시 주로 상업과 공업 등으로 부를 쌓으면서 새로운 사회 세력으로 등장한 사람들이었습니다. 당시는 산업 혁명이 일어나고 자본주의 경제 체제가 급속히 퍼져나가던 때와 맞물립니다. 이런 거대한 변화의 소용돌이 속에서 부를 일굼으로써 강력한 힘을 지니게 된 이들은 경제 분야를 넘어 정치에 참여하고 권력도 손에 넣고자 했습니다. 좀 어려운 용어로 '부르주아' 계급이라 불리는 이들은 중세 봉건 시대가 저물고 근대 민주주의의 새벽이 열리는 과정에서 새로운 자유와 권리를 추구하는 세력이기도 했습니다. 그 이전의 국왕 1인 지배 체제와 봉건적 신분 제도 아래서 억눌리고 빼앗기기만 했던 바로 그 개인의 자유와 권리 말입니다.

그런데, 새롭게 세상을 이끌어가는 핵심 세력으로 떠오르는 이들은 자신들의 경제적 이해관계에 따라 자유와 권리 가운데서도 재산의 사적 소유권을 아주 중요하게 여겼습니다. 자신들이 쌓아 올린 부를 지키고 또 늘리겠다는 욕망의 반영이었지요. 자유 민주주의의 역사적 뿌리는 여기에 맞닿아 있습니다. 당시 유행하던 철학 사조※는 자유주의였습니다. 자유주의는 본래 모든 생각과 행위의 주체는 개인이며, 그런 개인의 자유와 행복이 가장 중요하다고 여기는 사고방식입니다. 또한, 모든 사람은 이성을 가지고 있으며, 누구나 자유롭고 합리적인 존재로서 평등하게 대우받아야 한다는 생각을 바탕에 깔고 있습니다. 그래서 자유주의는 개인에 대한 국가 권력의 부당한 간섭이나 억압을 강력하게 반대합니다. 새롭게 떠오른 이들 부르주아※※ 세력은 이런 철학 사조를 자기들의 이해관계와 결합시켰습니다. 이에 따라 이들은 재산의 사적 소유권과, 돈벌이 같은 경제 활동을 아무런 제약 없이 펼칠 수 있는 자유를 중시했습니다. 이처럼 이들의 욕구와 자유주의 철학은 짝짜꿍이 잘 맞았습니다.

  자유 민주주의는 바로 이런 자유주의 철학을 바탕으로 개인의 자유와 권리를 무엇보다 중시하는 민주주의를 가리킵니다. 근대 민주주의 시민 혁명이 펼쳐지던 시절, 부와 권력을 동시에 거머쥐고서 새로운 시대를 열고자 했던 부르주아라 불리는 신흥 사회 세력이 이를 주도했고요. 이렇게 하여 자유 민주주의는 점차 근대 민주주의의 대표 주자로 자리 잡았습니다. 그 뒤 세월이 흐

※ 한 시대의 일반적인 사상의 흐름.
※※ 근대 이후 자본주의 사회에서 많은 돈을 가진 자본가 계급에 속하는 사람.

르면서 자유 민주주의는 한편으로는 자본주의 발전과, 다른 한편으로는 대의 민주주의 발전과 한 몸을 이루게 됩니다.

자, 그런데 이렇게 해서 전 세계로 뻗어 나간 자유 민주주의는 어떻게 됐을까요? 민주주의 발전에 이바지한 바도 크지만 심각한 문제를 낳기도 했습니다. 문제의 핵심은, 자유 민주주의가 개인의 자유와 권리를 강조하다 보니 '공적인 것'은 가볍게 여기지만 '사적인 것'은 지나치게 중시하게 되었다는 점입니다. 독일의 저명한 정치 이론가 한나 아렌트는 서구의 근대화를 이런 문제의식에 따라 설명했습니다. 즉, 사유 재산권이나 개인의 자유로운 경제 활동 같은 사적 원리를 토대로 하는 경제가 세상을 지배하게 되면서 공동체나 공적 가치를 지향하는 정치는 시들어 온 것이 근대화 과정이요, 자본주의 산업 사회의 역사라는 얘기지요.

그렇습니다. 자유 민주주의를 정치적 깃발로 내세우는 지금의 자본주의 산업 사회를 이런 맥락에서 한마디로 간추리면 '사적 욕심과 이익의 극대화' 논리가 아로새겨진 시스템이라고 할 수 있습니다. 앞에서 살펴봤듯이 경제 성장 지상주의, 물신주의, 이기주의, 경쟁주의 같은 것들에 이 세상과 우리 삶이 휘둘리게 된 것 또한 이와 깊은 연관이 있습니다.

개인의 자유와 권리를 중시하는 자유 민주주의의 본래 정신이 민주주의의 탄생과 발전에 눈부신 공을 세운 것은 명백한 사실입니다. 자유를 향한 간절한 열망은 민주주의를 낳고 키운 가장 원천적인 힘입니다. 억압과 착취의 사슬을 끊고 참된 자유를 쟁취하려는 가없는 외침과 몸부림이야말로 민주주의의 가장 강인한 근육을 이루지요.

하지만 자유 민주주의는 본래의 아름다운 이상과는 달리 점점 '인간의 얼굴'에서 멀어졌습니다. 그 결과는 슬픕니다. '공적인 것'보다 '사적인 것'을 앞세우다 보니 민주주의가 오염되고 변질됩니다. 덩달아 세상도 망가집니다. 오늘날 양극화와 불평등, 인간 소외와 공동체 붕괴, 삶의 고독과 불안 등과 같은 현상이 날로 깊어가는 것도 이와 무관하지 않습니다. 개인의 자유는 물론 중요합니다. 그렇지만 이것을 앞세워 대다수 사람이 사적 이익을 추구하는 데만 몰두한다면 세상은 어떻게 될까요? 평등과 정의, 사람들 사이의 우정과 연대, 공동체적 삶 등과 같은 공적인 가치는 소홀히 다루어질 수밖에 없습니다. 그래서 이런 곳에서 자유란 필연적으로 부유한 자와 힘센 자의 자유, 곧 자본과 권력의 자유를 뜻하게 됩니다. '자유' 민주주의에서 자유는 이렇게 훼손되고 있습니다.

특히 위험한 것은 극심한 불평등과 양극화입니다. 불평등은 사회 공동체와 인간관계를 황폐화시킬 뿐만 아니라 민주주의의 밑거름이 되는 건강한 시민정신을 파괴하는 주범입니다. 민주주의란 평등과 연대 위에서만 온전히 꽃을 피우고 열매를 맺을 수 있으니까요. 극소수의 특정 계층이나 집단이 한 사회의 부와 권력을 휩쓸어가는 곳에서 민주주의가 이루어지기를 바라는 것은 나무에서 물고기를 구하는 것과 다름없습니다. 오늘날 수많은 사람이 경제 민주화를 강조하는 이유가 뭘까요? 삶과 생존의 토대인 경제의 민주주의가 빠진 민주주의는 모래성이자 신기루에 지나지 않기 때문입니다.

이런 민주주의를 넘어서야 합니다. 이제껏 살펴봤듯이 지금의 주류 민주주의는 대의 민주주의와 자유 민주주의의 결합체입니다. 그런데 엘리트주의를 기반으로 하는 대의 민주주의는 구경꾼 민주주의, 소비자 민주주의로 변질되고 있습니다. 자유 민주주의는 사적인 민주주의, 가진 자와 힘센 자의 민주주의로 전락하고 있습니다. 그 결과 지금의 민주주의는 민주주의의 고귀한 이상과 가치에서 멀어지고 있습니다.

## 민주주의란 이런 것이다

하여 우리는 드디어 이런 질문을 마주하게 됩니다. 진짜 민주주의란 뭘까? 사람을 행복과 해방으로 이끌어 주는 참된 민주주의란 뭘까?

보통 민주주의가 뭔지를 논의할 때 일차적인 밑바탕이 되는 것은 민주주의의 영어 단어인 '데모크라시 democracy'의 어원 이야기입니다. 영어 단어에 얽힌 얘기라 재미없게 느껴질 수도 있겠지만 매우 중요한 내용을 담고 있으므로 한번 살펴보겠습니다. 'democracy'는 그리스어 '데모스 demos'와 '크라티아 kratia'의 합성어인 '데모크라티아 demokratia'에서 유래한 말입니다. 여기서 데모스는 '사람들'입니다. 시민, 대중, 민중 등을 뜻하는 말이라고 생각하면 됩니다. 크라티아는 '지배'를 의미합니다. 그런데 크라티아는 '힘' 또는 '권력'을 뜻하는 '크라토스 kratos'에서 나온 말입니다.

연결해서 정리하면 이렇게 됩니다. 민주주의란 '시민의 힘' 또는 '민중의 권력'인 동시에 '사람들이 그 힘과 권력을 가지고 스스로를 다스리는 것'을 뜻합니다. 곧 '민중의 자기 지배' 또는 '시민의 자기 통치'지요. 이것이 어원에 따른 민주주의의 본래 의미입니다. 민주주의의 한자어 또한 다르지 않습니다. '민주民主'는 글자 그대로 백성民이 주인主人이라는 말이니까요.

이처럼 민주주의란 사람들이 자신을 위해 정부 또는 통치 권력을 세워 스스로 다스리는 것을 뜻합니다. 모든 사람이 정치 과정과 결과의 주체로서 자기 삶이나 운명을 둘러싼 중대한 일들을 스스로 결정하는 정치 형태가 민주주의라는 거지요. 우리나라 헌법 제1조도 민주주의의 이러한 면모를 잘 드러내고 있습니다. 제1조 1항인 "대한민국은 민주 공화국이다."와 2항인 "대한민국의 주권은 국민에게 있고, 모든 권력은 국민으로부터 나온다."라는 표현이 그것이지요.

여기서 새삼 주목할 것이 있습니다. '스스로 다스림'이 민주주의의 가장 고귀한 본질이자 원리라는 점이 그것입니다. 특히, 특정 개인이나 집단이 아니라 사회 구성원 모두가 정치, 권력, 제도, 법 등을 만들고 실행하는 주체가 되는 것이 민주주의입니다. 평범한 시민이 스스로 주권자이자 입법자가 되는 것. 세상을 다스리고 운영하는 권한과 능력을 시민 스스로 갖추어 행사하는 것. 이것이 민주주의입니다. 한번 더 강조합니다. 내 삶과 생활에 영향을 미치는 일들을 내가 결정하는 것. 또는 적어도 그런 결정 과정에 내가 하나의 주체로서 참여하는 것. 그럼으로써 사람들이 자기 삶과 운명의 당당한 주인으로 사는 것. 이것이 민주주의입니다.

앞에서 엘리트주의와 전문가주의를 비판했습니다. 어떤 사람들은 중대하고 복잡한 정책 결정은 전문가가 해야 한다고 주장합니다. 민주주의의 본래 뜻에 따르자면 이것은 헛소리입니다. 민주주의를 모독하는 말이지요. 어떤 정책이라도 최종적인 판단과 의사 결정을 하는 주체는 국민입니다. 그 정책으로 이

득을 얻는 것도 국민이고 피해를 보는 것도 국민입니다. 주권자인 국민이 최종적인 이해 당사자이자 궁극적인 정책 결정자입니다. 물론 전문가의 도움이 필요할 때도 있고, 때에 따라서는 그들에게 어떤 결정을 위임할 때도 있겠지만 말입니다.

평범한 시민이 자기 뜻과 힘으로 세상을 운영하면 어떻게 될까요? 예컨대 나라의 근본 법이자 최고 규범인 헌법을 전문가나 정치인이 아니라 일반 시민이 만든다면? 어떤 도시의 예산을 어디에 얼마나 쓸지를 정부가 아니라 그 도시 주민들이 직접 정한다면? 어떤 마을의 운명에 커다란 영향을 미칠 지역 개발 계획을 그 마을 사람들이 결정한다면? 민주주의는 바로 이럴 때 빛을 발합니다.

이와는 반대로 핏줄에 따라 사람의 운명이 결판나는 신분 제도 아래에서는 아무리 재능이 뛰어나고 열심히 노력해도 자기 삶을 자신의 뜻대로 개척할 수 없습니다. 사람의 주체성과 자율성을 빼앗아 '노예'의 굴종을 강요하는 것이 신분 제도입니다. 민주주의의 가장 큰 적이지요. 식민지 백성의 처지도 마찬가지입니다. 주권을 빼앗긴 식민지에서는 개인도 자기 뜻대로 자신을 발전시키지 못하고, 나라도 자기 국민의 뜻대로 운영할 수 없습니다. 이것이 스스로를 다스릴 힘을 빼앗긴 자들, 곧 자유를 박탈당한 자들의 서글픈 운명입니다. 식민지는 '민주주의의 무덤'이 될 수밖에 없습니다.

물론 현실에서 '스스로 다스림'을 문자 그대로 전면적으로 실천하기는 불가능합니다. 앞에서도 말했듯이 오늘날 대다수 나라는 영토도 넓고 인구도 많습니다. 사회는 엄청나게 거대하고 복잡해졌습니다. 이런 상황에서 수많은 사람이 자신을 직접 다스릴 방법을 찾기란 어려운 일이지요.

이처럼 민주주의의 본래 가치나 정신을 현실에서 온전히 이룬다는 건 쉬운 일이 아닙니다. 그렇다고 대의 민주주의를 해 보니 민주주의의 본래 가치나 정신이 망가질 때가 많습니다. 민주주의가 안고 있는 숙명적인 고민거리이자 딜레마지요. 하지만 이 문제의 해결책을 끊임없이 찾는 과정에서 늘 염두에 둬야 할 중요한 열쇳말이 있습니다. 참여 민주주의가 그것입니다.

## 세상을 바꾸는 힘, 참여

　'참여'란 뭘까요? 정치적인 문제를 비롯해 공적인 사안에 대해 자기 의견을 밝히고 나아가 그 뜻을 실제로 이루려고 행동하는 것이 여기서 말하는 참여입니다. 그래서 참여는 사회 공동체의 주역이자 자기 삶의 주체로 살아가는 길이라고 할 수 있습니다. 참된 '민주주의자'가 될 수 있는 길이 참여에 있다는 얘기지요. 참여는 또한, 무기력한 정치 구경꾼이나 수동적인 정치 소비자로 전락한 시민이 권력의 주인이자 정치의 주체로 새롭게 거듭날 수 있는 유력한 방도이기도 합니다. 오늘날 병든 민주주의의 '처방전'이 참여인 셈입니다.

---

❀ 두 가지 중 하나를 선택해야 할 때, 어느 쪽을 선택해도 바람직하지 못한 결과가 나오는 곤란한 상황.

참여는 아름다운 힘입니다. 거대한 에너지입니다. 세상을 바꾸고 역사를 이끌어가는 엔진입니다. 참여는 독재와 권력 남용, 부정부패 따위를 막아 민주주의를 지킵니다. 잘못된 정책을 바로잡고 깨끗하고 투명한 행정 문화를 만들어 냅니다. 사회적 정치 교육과 민주주의 훈련의 기회가 되기도 합니다. 공동체가 복잡해질수록, 사회가 거대해질수록, 행정이 비대해질수록, 갈등과 대립이 높아질수록, 다양성이 늘어날수록 참여의 필요성은 더욱 커집니다.

참여를 실천하는 방법으로는 어떤 게 있을까요? 가장 보편적이고 손쉬운 것은 선거 참여입니다. 하지만 이외에도 참여의 방식과 형태는 아주 다양합니다. 국민 투표 같은 어떤 공적인 정책 결정 과정에 참여할 수도 있고, 인터넷이나 스마트폰 같은 걸 활용해 정치 활동이나 정책 결정에 직접 참여하거나 사회적 여론 형성에 이바지할 수도 있습니다. 집회나 시위에 참여하여 자기 목소리를 직접 낼 수도 있겠지요. 시민단체나 지역 모임 활동을 한다든가, 정당이나 정당에서 진행하는 시민 활동 프로그램에 참여한다든가, 자원봉사 활동에 참여할 수도 있고요.

정부와 정치인들이 하는 활동을 철저히 감시하고 검증하는 것도 중요한 일입니다. 시민에게 한 약속을 잘 지키는지, 정책을 누가 어떻게 수립해서 시행하는지, 예산은 제대로 쓰는지 등을 늘 들여다봐야겠지요. 자기가 사는 곳에서 이웃들과 함께 마을 공동체 활동을 벌이거나 협동조합 같은 민주적 경제 조직에 참여하는 것도 훌륭한 민주주의 실천입니다. 또한, 일상생활의 공간들, 예컨대 학교나 일터나 마을이나 길거리 등에서 부당한 일을 당하거나 목격했을 때 그냥 꾹 참거나 남의 일이라고 모른 체하는 것은 민주 시민의 자세가 아닙니다. 겉으로 드러내고, 신고, 고발을 하고, 항의하고, 널리 알리고, 소리 높여 외쳐야 합니다. 이 모든 것이 참여입니다.

민주주의에는 공짜가 없습니다. 참여하는 만큼 자라는 것이 민주주의입니다. 참여하는 만큼 더 '좋은 삶'에 가까이 다가갈 수 있습니다. 참여는 '사적인 것의 동굴'로 제각각 흩어진 채 고립되고 단절되어 자기중심적 생활에 빠지기 쉬운 현대인에게 새로운 활력과 생기를 줄 수 있습니다. 색다른 삶의 재미와 보람을 선사해 주기도 합니다. 역동적이고 진취적인 삶의 가능성을 열어 줄 뿐만 아니라 공적인 자유와 행복을 맛보게 해 주는 것이 참여입니다.

자본주의 사회에서 대다수 사람은 돈벌이 활동을 중심으로 하는 사적 개인으로 살아갑니다. 그래서 공적인 공간을 만들어 내고 거기서 다양한 사람을 만나게 해 주는 참여는 더욱 각별한 의미를 지닙니다. 그런 곳에서는 생각이나 신념이 다른 사람과 뒤섞이기 마련입니다. 때문에 경청, 대화, 토론, 합의 등과 같은 다채로운 의사소통이 자연스레 이루어집니다. 그 과정에서 사람들은 자기 의견을 남에게 설득하기도 하고, 자신의 오류나 실수를 깨닫고서 바로잡기도 합니다. 몰랐던 것을 새롭게 배우기도 하고, 이해관계나 선호를 바꾸기도 합니다. 그러면서 다른 사람에 대한 이해와 존중과 관용을 키워갑니다. 개인의 발전과 성숙이 이렇게 이루어집니다.

이렇게 볼 때 참여의 가치는 단지 대의 민주주의의 한계를 극복하는 데서 끝나지 않습니다. 이 세상을 활기차게 생동하는 삶의 터전으로 바꾸고, 우리 개개인을 성숙한 민주주의자로 이끌어 주는 게 참여입니다. 이처럼 사람은 민주주의를 키우고 민주주의는 사람을 키웁니다. 결국은 민주주의가 민주주의를 키우는 셈이지요. 그 연결 고리가 바로 참여입니다.

참여로 열어가는 민주주의의 길은 끝이 없습니다. 민주주의는 완성된 형태로 존재하지 않습니다. 민주주의는 '종착역'이 없는 끝없는 길, 곧 '영원한 과정'입니다. 완성을 향해 끊임없이 나아가는 과정에서 늘 새롭게 진화하고 거듭나는 것이 민주주의라는 얘기지요.

민주주의는 고여 있지 않습니다. 늘 흐릅니다. 민주주의는 고정돼 있지 않습니다. 끊임없이 움직입니다. 그래서 민주주의는 종종 흔들리고 멈칫거립니다. 때로는 비틀거리기도 하고 뒷걸음질하기도 하고 어이없이 무너지기도 합니다. 그러면서도 또다시 일어나 새롭게 나아갑니다. 이런 과정을 거치면서 민주주의는 오늘 여기까지 왔고, 지금도 미래를 향한 생성과 변화를 계속하고 있습니다.

그래서입니다. 독재 정권이 물러나거나, 때마다 자유로운 선거로 통치자를 뽑거나, 권력 행사가 단지 법의 테두리 안에서 이루어진다고 해서 민주주의를 다 이룩했다고 여기는 건 짧은 생각입니다. 이른바 '민주 정부'나 '개혁 정부'가 들어섰다고 해도 이는 마찬가지입니다. 민주주의에 '이 정도면 충분하다.' 같은 건 없습니다.

민주주의의 속성이 바로 이러하기에 우리가 깊이 되새겨야 할 사실이 있습니다. 민주주의는 그것을 이루기 위해 열심히 싸우고 애쓴 사람들만이 누릴 수 있는 '특권'이자 '축복'이라는 점이 그것입니다. 시민의 관심과 참여가 없다면, 깨어 있는 대중의 각성과 행동이 없다면, 언제든 뒷걸음질 칠 수 있는 게 민주주의입니다.

최근 우리 사회가 걸어온 길이 그 생생한 증거입니다. 오랜 세월 이 땅을 암흑의 동토로 몰아넣었던 군사 독재 정권이 물러가고 이른바 '민주 정부'가 잇 따라 집권하면서 이 나라의 민주주의는 탄탄한 기초 위에 올라선 듯했습니다. 하지만 정권이 바뀌고 새로운 집권 세력이 민주주의를 망가뜨리기 시작하자 피땀 흘려 일구어 온 민주주의가 와르르 무너지는 건 순식간의 일이었습니다. 민주주의란 본디 이런 것입니다. 불안과 불확실성, 복잡함과 모호함, 흔들림과 기우뚱거림을 피할 수 없는 게 민주주의입니다. 이런 운명을 짊어진 채 아슬아슬 끝없는 길을 걸어가는 게 민주주의입니다.

민주주의가 가는 길은, 혹은 민주주의로 가는 길은 곧지 않습니다. 평탄하지 않습니다. 이 길은 오히려 어둠 속에 잠겨 있습니다. 혼돈 속으로 뻗어 있습니다. 언제 가닿을지 모를 목적지를 향해 하염없이 걸어가는 길, 이것이 민주주의입니다.

## 끝없는 길을 가리라

1장 제목은 "크다고 좋은 걸까?"였고 2장 제목은 "많이 가진다고 행복할까?"였습니다. '큰 것'과 '많은 것'을 지나치게 숭배하는 현실, 그런 것에 중독된 우리네 삶과 문화를 비판적으로 살피면서 거기에 얽힌 여러 문제를 짚어 보았지요.

하지만 민주주의는 다릅니다. 민주주의는 클수록 좋고 많을수록 좋습니다. 커질수록 좋고 많아질수록 좋은 게 민주주의입니다. 거듭 강조하듯이 '이

만하면 충분하다.'고 할 수 있는 민주주의란 없습니다. 충분히 크거나 많은 민주주의, 자기 갈 길을 다 마친 민주주의는 애당초 존재할 수 없습니다. 늘 부족하고 불완전한 것, 다시 말하면 흔들리고 움직이는 것이 민주주의의 본질이기 때문입니다.

이 장을 시작하는 대목에서 '크다/작다'와 '많다/적다'의 관점에서 보면 민주주의를 더욱 새롭게 이해할 수 있으리라고 얘기한 것도 이런 맥락에서입니다.

민주주의는 '크다/작다'나 '많다/적다'의 이분법을 넘어섭니다. 그래서 민주주의에는 '성장의 한계' 같은 게 없습니다. 민주주의는 물질이 아닙니다. 생명의 본성입니다. 이렇게 말하는 이유는, 자기 삶의 주인으로 사는 것이야말로 모든 생명의 가장 간절한 소망이자 염원이며, 바로 이것을 이루자는 것이 민주주의이기 때문입니다. 이런 열망의 열매인 자유와 평등과 연대의 힘으로 동료 시민과 함께 삶의 가치와 품격을 높이는 것. 이것이 민주주의의 꿈입니다. 태양이 빛나는 한 생명의 역사가 영원하듯이 민주주의 또한 영원합니다.

오늘날 민주주의는 극심한 부의 편중과 빈부 격차, 민족주의와 국가주의, 테러와 전쟁, 환경 파괴와 에너지 위기 등 여러 가지 위협 요인으로 크게 흔들리고 있습니다. 하지만 기존 민주주의 시스템은 이런 문제들에 제대로 대응하지 못하고 있습니다. 뾰족한 해결책도 내놓지 못하고 있습니다. 어쩌면, 이런 위기를 낳고 더욱 키우는 주범이 바로 고장 난 기존 민주주의 자체인지도 모릅니다. 게다가 이런 위기는 민주주의를 더욱 궁지로 몰아넣고 있습니다. 결국, 위기 심화와 민주주의 악화가 서로서로 맞물려 악순환의 고리로 한데 엮인 형국이지요.

잘못된 민주주의, 병든 민주주의는 어떤 문제의 원인인 동시에 결과일 때가 많습니다. 이래저래 민주주의의 근본적인 거듭남과 전면적인 탈바꿈이 절실히 요구되는 까닭이 쌓여만 갑니다. 물론 민주주의는 우리에게 행복, 평화, 번영 등을 자동으로 보장해 주지 않습니다. 민주주의는 '한 방'에 모든 문제를 해결해 주는 '요술 방망이'가 아닙니다. 어떤 민주주의를 가꾸어 나갈지, 민주주의와 어떻게 함께 살지, 민주주의로 무엇을 하며 어떤 삶과 세상을 만들지는 오롯이 우리가 무엇을 어떻게 하느냐에 달렸습니다.

그러므로 민주주의는 열린 '가능성'입니다. 민주주의는 늘 스스로를 새롭게 '발명'하고 '창조'해 나갑니다. 민주주의에는 고정불변의 정답도, 완벽하고 최종적인 모범 답안도 없습니다. 민주주의를 일러 최종적인 '답변'이 아니라 끝없이 이어지는 '질문'이라고 하는 이유가 여기에 있습니다. 질문을 그만두면 우리는 참된 민주주의에서 멀어지게 됩니다. 끝없는 질문과 도전이 없다면 민주주의의 생명력은 고갈되고 맙니다. 고인 물이 썩듯이 말입니다.

평등한 사람들끼리 서로 자유롭게 소통하고 연대하며, 그럼으로써 자율적으로 자신의 삶을 결정하고 사회의 운명을 개척해 온 역사. 이런 길을 걸어온 민주주의는 지금 이 순간에도 우리에게 묻습니다. 당신은 어떤 세상을 원하는가? 당신은 어떤 삶을 살고자 하는가? 이런 질문을 던지고 그 질문에 대한 답을 궁리하면서, 나아가 그렇게 찾아낸 답을 실천으로 옮기면서 우리는 하루하루 성장합니다. 개인의 삶뿐만 아니라 이 세상도 그렇게 한 걸음씩 한 걸음씩 더 나은 곳으로 나아갑니다.

알쏭달쏭 이분법 세상 3
# 크다! 작다!

**초판 1쇄 인쇄** 2018년 11월 6일
**초판 1쇄 발행** 2018년 11월 16일

**글** 장성익  **그림** 이윤미
**디자인** 손현주
**펴낸이** 김숙진·정용희
**인쇄** 천일문화사
**종이** 신승지류유통(주)
**제본** 제일문화사

**펴낸곳** (주)분홍고래
**출판등록** 2013년 6월 4일 제395-2013-000098호
**주소** 경기도 고양시 덕양구 은빛로 45 꽃무리빌딩 207-1호
**전화번호** 070-7590-1961(편집부) 070-7590-1917(마케팅)
**팩스** 031-624-1915
**전자우편** p_whale@naver.com
**분홍고래 블로그** blog.naver.com/p_whale

© 장성익 2018

ISBN 979-11-85876-47-4  73190

* 책값은 뒤표지에 표시되어 있습니다.

---

**품질경영 및 공산품 안전관리법에 의한 품질 표시**
**품명** 어린이 도서 | **제조년월일** 2018년 11월 | **사용연령** 8세 이상
**제조자명** (주)분홍고래 | **제조국** 대한민국 **연락처** (070)7590-1961

※경고 : 3세 이하의 영·유아는 사용을 금합니다. 종이에 베이거나 긁히지 않도록 조심하세요. 책 모서리가 날카로우니 던지거나 떨어뜨리지 마세요.

---

"이 도서는 한국출판문화산업진흥원 2018년 우수출판콘텐츠 제작 지원 사업 선정작입니다."